에로스의 종말

AGONIE
DES
EROS

에로스의
종말

한 병 철
김태환 옮김

알랭 바디우 서문

문학과지성사
2015

에로스의 종말

제1판 제 1쇄 2015년 10월 5일
제1판 제15쇄 2024년 5월 10일

지은이 한병철
옮긴이 김태환
펴낸이 이광호
펴낸곳 ㈜문학과지성사
등록번호 제1993-000098호
주소 04034 서울 마포구 잔다리로7길 18(서교동 377-20)
전화 02) 338-7224
팩스 02) 323-4180(편집) 02) 338-7221(영업)
전자우편 moonji@moonji.com
홈페이지 www.moonji.com

ISBN 978-89-320-2783-8

이 도서의 국립중앙도서관 출판예정도서목록(CIP)은 서지정보유통지원시스템 홈페이지
(http://seoji.nl.go.kr)와 국가자료공동목록시스템(http://www.nl.go.kr/kolisnet)에서
이용하실 수 있습니다. (CIP제어번호: CIP2015025862)

사랑의 재발명

알랭 바디우

이 책에서 한병철이 열정적으로 증명해 보이고 있는 것은 다음과 같은 사태다. 역사의 오랜 전통 속에서 사랑에 강렬한 의미가 부여되어왔다면, 오늘날에는 바로 그러한 의미의 사랑이 위협받고 있다는 것, 아니면 최악의 경우—이 책의 제목('에로스의 종말')이 말하고 있는 것처럼—이미 죽었을지도 모른다는 것.

진정한 사랑에 심각한 타격을 입히고 있는 적은 대체 누구인가? 물론, 현대 사회의 개인주의, 모든 것을 시장 가격으로 환산하려는 태도, 오늘날 개인의 행동을 조종하는 이해관계의 차원 등등이다. 진정한 의미의 사랑은 사실상 현대 세계, 세속화된 자본주의 세계의 이 모든 규범에 반항한다. 왜냐하면 사랑이란 결코 그저 두 개인 사이의 기분 좋은 동거를 목적으로 하는 계약이 아니라, 타자의 실존에 관한 근원적인 경험이며, 아마도 현 시점에서 사랑 외에는 그런 경험을 찾아볼 수 없기 때문이다.

한병철은 자신의 주장을 입증하기 위해 성적인 사랑을 포함한 진정한 사랑에 관한 일종의 현상학과 오늘날 사랑을 위협하는 실제적 힘에 대한 다양한 조사를 결합한다. 그리하여 한편으로는 **절대적 타자성**의 경험으로서의 사랑에 대한 강렬한 묘사가 제시되고, 다른 한편으로는 우리를 이런 경험에서 멀어지게 하고 심지어 이런 경험의 존재 자체와 그것의 결과를 생각하는 것조차 금지하는 모든 것이 하나하나 적시되고 고발된다.

따라서 이 책은 진정한 사랑의 최소 조건, 즉 사랑을 위해서는 타자의 발견을 위해 자아를 파괴할 수 있는 용기가 필요하다는 데 대한 철두철미한 논증인 동시에, 전적으로 안락함과 나르시시즘적 만족 외에는 관심이 없는 오늘의 세계에서 에로스의 싹을 짓누르고 있는 온갖 함정과 위협 들을 집중적으로 살펴볼 수 있게 해준다. 이 책의 대단한 매

력은, 어떤 철학적 일관성과 엄격함(이 책은 놀라운 들뢰즈
Gilles Deleuze의 인용문으로 마무리된다)이 아주 다양한 출처
에서 끌어낸 풍부한 묘사와 회귀하게 결합되어 있다는 사실
에서 나온다.

저자는 1장에서 라스 폰 트리에Lars von Trier의 영화「멜
랑콜리아」와 (영화에 나오는) 브뤼헐Pieter Brueghel의 그림
「눈 속의 사냥꾼들」, 바그너Richard Wagner의 악극「트리스
탄과 이졸데」를 예로 하여 순수한 외부, 완전한 타자의 파
국적 침입에 대해 이야기하고 있다. 이에 따르면 그러한 타
자의 침입은 주체의 정상적인 균형 상태를 깨뜨리는 재난이
지만, 그 재난은 동시에 자아의 공백과 무아 상태에서 오는
행복이며, 결국 구원의 길임이 드러난다.

2장은 역량, (지식의 수동성에 대비되는) "권력pouvoir," 마
지막으로 성과를 중시한 푸코Michel Foucault를 가차 없이
비판하는 것으로 시작하여 레비나스Emmanuel Lévinas와 부
버Martin Buber에 대한 다소 유보적인 찬사로 이어진다. 이
에 따르면 레비나스와 부버는──나는 여기서 한병철을 그대
로 인용한다──"에로스는 성과와 할 수 있음의 피안에서 성
립하는 타자와의 관계"임을 어렴풋이 인식했다.

푸코가 빠뜨린 것, 레비나스가 단초를 던진 데 그친 것, 바로 그것이 우리의 저자가 주장하고자 하는 중심 테제다. "다르다는 것의 부정성, 즉 할 수 있음의 영역을 완전히 벗어나 있는 타자의 아토피아가 에로스적 경험의 본질적 성분을 이룬다." 이 대목에서 우리는 대단히 인상적인 문장을 만나게 되는데, 그것은 이 책 전체의 바탕에 놓여 있는 일종의 원형이라고 할 수 있을 것이다. "타자는 오직 할 수 있을 수 없음을 통해서만 모습을 드러낸다." 그러니까 사랑의 경험은 불능에 의해 만들어지며, 불능은 타자의 완전한 현현을 위해 지불해야 할 대가인 것이다.

3장에서는 인상적인 헤겔G. W. F. Hegel 독해가 펼쳐진다. 저자는 헤겔에게서 사랑의 힘이 절대자의 새로운 척도임을 발견한다. 절대적인 부정성이 없다면 절대자도 없다. 그런데 정신이 자기 소멸의 경험을 받아들이고, 헤겔이 요구하듯 "죽음 속에서도 스스로를 유지해갈" 수 있는 것은 오직 사랑 속에서뿐이다. 진정한 사랑은, 타자가 도래하기 위해 정신이 무가 되어야 한다는 것을 받아들이기 때문이다. 이 지점에서 헤겔은 바타유Georges Bataille를 가능하게 한다. 저자가 회심에 찬 태도로 인용하는 바타유의 저 멋진 구절을 보라. "에로티즘이란 죽음 속에 이르기까지 삶을 긍정하는 것이라고 할 수 있을 것이다."

4장에서는 에로티즘과 포르노그래피 사이의 고전적 대립이 새롭게 해석된다. 저자는 이번에는 아감벤Giorgio Agamben과 보드리야르Jean Baudrillard의 논의를——때로 비판적인 태도로——활용하면서 포르노가 에로스의 비속화에 지나지 않는다는 것을 보여준다. 여기서 그는 전시에 대한 명민한 분석을 수행한다. "자본주의는 모든 것을 상품으로 전시하고 구경거리로 만듦으로써 사회의 포르노화 경향을 강화한다. 자본주의는 성애의 다른 용법을 알지 못한다. 에로스는 포르노로 비속화된다." 오직 사랑만이 에로틱한 것, 섹스가 전시되지 않고 제의화될 수 있도록 해준다. 오늘날 전시적 경향에 의해 진부한 소비재로 타락한 타자의 신비는 그러한 제의화를 통해 심지어 벌거벗음 속에서도 본연의 모습을 보존한다.

5장은 에바 일루즈Eva Illouz(『사랑은 왜 아픈가』), 플로베르Gustave Flaubert, 바르트Roland Barthes 등등의 저자들과 함께하는 여행으로서, 이 여행을 통해서 우리는 다음과 같은 사실을 확인하게 된다. 사랑 속에는 타자에 관한 다양한 환상이 풍부하게 담겨 있으며, 사랑이 종말에 이른 이유는 오늘날의 세계가 규격화되고 자본화된 "동일성의 지옥"이기 때문이라는 것. 여기서 저자가 보여주는 분석은 대단히 심오하다. 이에 따르면 자본주의가—특히 부자와 가난한 자 사이에—만들어내는 장벽, 경계, 배제는 차이의 효과가 아니라 동일성의 효과다. "돈은 모든 것을 원칙적으로 동일하게 만든다. 돈은 본질적 차이들을 지우며 평준화한다. 새로운 경계는 배제하고 쫓아내는 장치로서, 타자에 대한 환상을 철폐한다."

6장은 사랑과 정치의 연관 관계를 다룬다. 이 장의 근간을 이루는 것은 플라톤의 역동적 영혼관에 관한 멋진 분석이다. 이에 따르면 영혼을 이념으로 인도하는 것은 바로 사랑이다. 그 정반대 쪽에 저자가 말하는 "피로사회"가 있다. 피로사회라는 놀라운 표현은 우리의 세계를 있는 그대로 아주 적합하게 드러내준다. 나는 "사랑이란 둘의 무대"이며 이런 점에서 정치의 최소한의 모체라고 이야기한 바 있는데, 저자는 여기서 나의 명제에 관한 정확하고 강력한 해석을 제시하고 있다. 이어서 변화를 가져오는 사랑의 힘에 대한 다음과 같은 구절로 6장은 마무리된다. "에로스는 완전히 다른 삶의 형식, 완전히 다른 사회를 향한 혁명적 욕망으로 나타난다. 그렇다. 에로스는 도래할 것을 향한 충실한 마음을 지탱해준다."

마지막 장에서 저자는 사랑이 사유 자체의 필수적 조건임을 확언한다. "오직 친구, 혹은 연인이었던 사람만이 사유할 수 있다." 이렇게 해서 사랑을 거부하는 세계에 대한 급진적 비판을 동반한 저자의 사랑 찬가는 사랑의 사멸과 함께 사유도 파괴된다는 인식으로 마무리된다.

긴장감 있고 풍부한 내용을 담고 있는 이 작은 책은 타자성에 대한 숭고한 찬가이자 소진되고 개별화된 현대의 주체, "우울한 나르시시스트"에 대한 가차 없는 비판으로서, 앞으로 다양한 토론과 논의를 불러일으킬 것이다. 나는 여기서 그런 가능성 가운데 한 가지 길만을 열어보고자 한다. 타자에 대한 소비주의적이고 계약주의적인 관계의 반대편에 올 수 있는 것이 오직 타자에게로 들어가는 통로를 열기 위해 자아를 파기한다는 거의 도달 불가능한 숭고성뿐일까? 반복적인 개인적 만족감이라는 조악한 긍정성에 맞설 수 있는 것이 오직 절대적 부정성뿐일까? 어쨌든 이타적 사랑의 관념, 타자 속에서 소멸하는 자아라는 관념은 길고 영광스러운 역사를 지닌다. 십자가의 요한이 쓴 시편들 속에서 열정적으로 추구되고 있는 신의 신비로운 사랑 같은 것. 하지만 신의 죽음 이후에도 우리는 여전히 이 길을 따라야 하는 것일까? 어쩌면 우리는 여기서 막혀 있는지도 모르겠다. 어쩌면 사랑의 둘에서 출발하여 세계를 건설한다는 전망, 더 이상 나의 것도, 타자의 것도 아닌 세계, 유일한 개별자로서의 "우리 둘"을 경유하여 이루어질 모두를 위한 세계 기획의 전망이 자기 자신의 길을 열어갈지도 모른다. 아마도 사랑은 잠정적으로만 부정성의 절대적 시련, 즉 타자를 위해 자아를 희생하는 이타적 태도일 것이다. 무제한적이고 절대적인 부정성과 타자성에 관한 모든 가정 속에는 은유적인 의미에서 일종의 극좌주의가 들어 있지 않은가? 어쩌면 충실한 사랑이란 실제로 진정한 공유를 위한 두 망각 사이의 결합, 애써 힘겹게 보편적 가치를 만들어내는 둘의 교합일 것이다.

그럼에도 불구하고 한병철의 주목할 만한 에세이를 읽는 것은 고도의 지적 경험이며, 이 경험은 우리로 하여금 오늘날 가장 절실하게 필요한 투쟁 가운데 하나에 명확한 의식을 가지고 참여할 수 있게 해줄 것이다. 그것은 곧 사랑의 수호,

혹은 랭보Arthur Rimbaud가 말하듯이 사랑의 "재발명"을 위

한 투쟁이다.

|차 례|

1장 멜랑콜리아

최근 사랑의 종말을 고하는 목소리가 자주 들려온다. 오늘날 사랑은 무한한 선택의 자유와 다양한 옵션, 최적화의 강요 속에서 파괴되어가고 있다는 것이다. 가능성이 끝없이 열려 있는 세계에서 사랑은 가능하지 않다고들 한다. 식어버린 정열에 대한 한탄도 들려온다. 에바 일루즈Eva Illouz는 『사랑은 왜 아픈가』라는 저서에서 오늘날 정열이 식어버린 이유를 사랑의 합리화 과정과 선택 기술의 확산에 돌린다. 그런데 이러한 사회학적 사랑 이론들은 오늘날 사랑이 무한한 자유나 무제한의 가능성보다는 어떤 다른 변화로 인해 훨씬 더 심각한 타격을 입고 있다는 사실을 인식하지 못한다. 사랑의 위기를 초래하는 것은 단순히 다른 타자의 공급이 넘치기 때문만이 아니다. 오히려 문제는 오늘날 모든 삶의 영역에서 타자의 침식 과정이 진행되고 있다는 점, 이와 아울러 자아의 나르시시스트화 경향이 강화되어가고 있다는 점에 있다. **타자가 사라진다는 것은** 사실 극적인 변화이지만, 치명적이게도 다수의 사람들은 이러한 과정이 진행 중이라는 사실조차 눈치채지 못하고 있다.

에로스는 강한 의미의 타자, 즉 나의 지배 영역에 포섭되지 않는 타자를 향한 것이다. 따라서 점점 더 **동일자의 지옥**을 닮아가는 오늘의 사회에서는, 에로스적 경험도 있을 수 없다. 에로스적 경험은 타자의 비대칭성과 외재성을 전제한다. 연인으로서의 소크라테스가 **아토포스**atopos*라고 불리는 것은 우연이 아니다. 내가 갈망하는 타자, 나를 매혹시키는 타자는 **장소가 없다.** 그는 동일자의 언어에 붙잡히지 않는다. "아토포스로서의 타자는 언어를 뒤흔든다. 그에 관하여, 그를 두고 이야기하는 것은 불가능하다. 모든 수식어는 틀리고, 고통스러우며, 서투르고, 민망하다 [……]."[1] 부

* (옮긴이) 장소가 없는, 무소無所적인.

단히 동일화시키는 오늘의 문화는 아토포스의 부정성을 용인하시 않는다. 바로 아토포스적 타자에 대한 경험 자체가 사라져버린 까닭에, 우리는 끊임없이 모든 것을 모든 것과 비교하며 이로써 모든 것을 동일자로 평준화한다. 타자의 부정성은 소비의 대상이 되지 않는다. 그러므로 소비사회는 **아토포스적인** 타자성을 제거하고 이를 소비 가능한, 헤**테로토피아적** 차이로 대체하려고 노력한다. 차이는 타자성과 반대로 일종의 긍정성이다. 오늘날 부정성은 도처에서 소멸하는 중이다. 모든 것이 평탄하게 다듬어지고 소비의 대상이 된다.

우리는 오늘날 나르시시즘적 경향이 점점 강화되어가는 사회에 살고 있다. 리비도는 무엇보다 자기 자신의 주체성에 투입된다. 나르시시즘은 자기애가 아니다. 자기애를 지닌 주체는 자기 자신을 위해 타자를 배제하는 부정적 경계선을 긋는다. 반면 나르시시즘적 주체는 명확한 자신의 경계를 확정하지 못한다. 그리하여 나르시시즘적 주체와 타자 사이의 경계는 흐릿해진다. 그에게 세계는 그저 자기 자신의 그림자로 나타날 뿐이다. 그는 타자의 타자성을 인식하고 인정할 줄 모른다. 그는 어떤 식으로든 자기 자신을 확인하는 경우에만 의미가 존재한다고 느낀다. 그는 자기 자신의 그림자 속을 철벅거리며 나아가다가, 결국 그 속에서 익사하고 만다.

우울증은 나르시시즘적 질병이다. 우울증을 낳는 것은 병적으로 과장된 과도한 자기 관계이다. 나르시시즘적 우울증의 주체는 자기 자신에 의해 소진되고 기력이 꺾여버린 상태이다. 그는 세계를 상실하고 타자에게 버림받은 자이다. 에로스와 우울증은 대립적 관계에 있다. 에로스는 주체를 그 자신에게서 잡아채어 타자를 향해 내던진다. 반면 우울증은 주체를 자기 속으로 추락하게 만든다. 오늘날 나르시시즘적 성과주체는 무엇보다도 성공을 겨냥한다. 그에게 성공은 타자를 통한 자기 확인을 가져다준다. 이때 타자는 타자성을 빼앗긴 채 주체의 에고를 확인해주는 거울로 전락한다. 이러한 인정의 논리는 나르시시즘적 성과주체를 자신의 에고 속에 더 깊이 파묻혀 헤어나오지 못하게 만든다. 이 과정에서 **성공 우울증**이 발생한다. 우울한 성과주체는 자기 자신 속으로 침몰하고 그 속에서 익사한다. 반면 에로스는 타자를 타자로서 경험할 수 있게 하고, 이로써 주체를 나르시시즘의 지옥에서 해방시킨다. 에로스를 통해 자발적인 자기 부정, 자기 비움의 과정이 시작된다. 사랑의 주체는 특별한 약화의 과정 속에 붙들리지만, 이러한 약화에는 강하다는 감정이 수반된다. 물론 이 감정은 주체 자신의 업적이 아니라 타자의 선물이다.

동일자의 지옥에서 아토포스적 타자는 묵시록적인 모습으로 찾아올 수 있다. 바꾸어 말하면, 오늘날에는 묵시록만이 우리를 동일자의 지옥에서 건져내어 타자를 향해 해방시키고 구원할 수 있다는 것이다. 그래서 라스 폰 트리에Lars von Trier의 영화 「멜랑콜리아」는 묵시록적 재앙과 같은 사건을 예고하는 것으로 시작한다. 재앙을 뜻하는 'Desaster'라는 단어는 문자 그대로 흉성Unstern(라틴어 des-astrum)을 의미한다. 저스틴은 언니의 영지에서 밤하늘에 붉게 반짝이는 별을 발견하는데 이 별은 나중에 흉성임이 드러난다. 멜랑콜리아는 재앙의 시작을 알리는 흉성이다. 하지만 그것은 치유와 각성의 효과를 낳는 부정성이기도 하다. 멜랑콜리아는 그것이 멜랑콜리의 특수한 형태인 우울증을 치유하는 행성이라는 점에서 역설적 이름이다. 그것은 저스틴을 나르시시즘의 늪에서 건져내는 아토포스적 타자로 나타난다. 그리하여 저스틴은 죽음을 가져오는 행성 앞에서 말 그대로 활짝 피어난다.

에로스는 우울증을 제압한다. 사랑과 우울증의 긴장 관계는 「멜랑콜리아」의 영화 담론을 처음부터 규정한다. 영화의 음악적 틀을 제공하는 「트리스탄과 이졸데」 서곡은 사랑의 힘을 강하게 환기한다. 우울증은 사랑의 불가능성을 의미한다. 또는 불가능한 사랑이 우울증을 낳는다. 아토포스적 타자인 멜랑콜리아라는 행성이 동일자의 지옥 속으로 돌입할 때 비로소 저스틴에게 에로틱한 갈망이 불붙는다. 강가 절벽 위의 누드 장면에서 관객은 사랑하는 한 여인의 몸, 쾌락으로 충만한 몸을 본다. 저스틴은 죽음을 가져오는 행성의 푸른빛 속에서 기대에 찬 표정으로 팔다리를 활짝 벌린다. 이 장면은 마치 저스틴이 아토포스적 천체와의 치명적인 충돌을 더없이 갈망하는 듯한 인상을 불러일으킨다. 점점 다가오는 재난을 그녀는 연인과의 행복한 합일처럼 기다리고 있다. 그것은 필연적으로 이졸데의 '사랑의 죽음'을 상기시킨다. 이졸데 역시 다가오는 죽음 앞에서 환희를 느끼며 "세계의 숨결이 불어오는 우주"에 몸을 던진다. 영화에서 유일하게 에로틱한 이 장면에서 다시 「트리스탄과 이졸데」 서곡이 울려 나오는 것은 우연이 아니다. 이 음악은 에로스와 죽음, 묵시록과 구원의 근친성을 마술적으로 환기한다. 역설적이게도 저스틴을 살아나게 하는 것은 임박한 죽음이다. 임박한 죽음 앞에서 그녀는 타자를 향해 열린다. 저스틴은 이제 나르시시즘의 감옥에서 해방되어 클레어와 그녀의 아들을 따뜻하게 보살핀다. 영화의 진정한 마법은 우울증 환자였던 저스틴이 사랑하는 여인으로 변모하는 기적적 과정에 있다. 타자의 아토피아(무소성)는 에로스의 유토피아임이 드러난다. 라스 폰 트리에는 영화 담론에 일정한 방향을 주고 특별한 의미 구조를 바탕에 깔기 위해 유명한 고전적 회화를 곳곳에 전략적으로 삽입한다. 이를테면 초현실주의적 도입부에는 피터르 브뤼헐Pieter Brueghel의「눈 속의 사냥꾼들」이 삽입되는데, 이 그림은 관객을 겨울의 깊은 멜랑콜리 속으로 침잠하게 한다. 그림의 배경 속에서 풍경은 물가에 닿아 있고, 브뤼헐의 그림 앞에 페이드인되는 클레어의 영지도 그러하다. 중첩된 두 광경은 유사한 공간적 구도를 보이며, 이로써「눈 속의 사냥꾼들」이 표현하는 겨울의 멜랑콜리는 클레어의 영지로 전이된다. 어두운 색 옷을 입은 사냥꾼들은 몸을 깊이 숙인 채 집으로 돌아온다. 나뭇가지에 앉은 검은 새들은 겨울 풍경의 황량함을 더해준다.

성자의 그림이 그려진 "사슴골"이라는 여관 간판은 거의 떨어져내릴 듯이 비스듬히 걸려 있다. 이 우울한 겨울 세계는 적막하기 이를 데 없다. 이어서 라스 폰 트리에는 하늘에서부터 검은 부스러기들이 천천히 내려와 마치 화상병처럼 그림을 집어삼키게 한다. 우울한 겨울 풍경의 뒤를 잇는 것은 저스틴이 존 에버렛 밀레이John Everett Millais의 「오필리아」와 매우 닮은 모습으로 등장하는 회화적 장면이다. 그녀는 아름다운 오필리아처럼 손에 화환을 들고 물 위를 떠다닌다.

　저스틴은 클레어와 다툰 뒤에 다시 절망에 빠지고, 힘없이 책장 단 위에 진열된 말레비치Kazimir Severinovich Malevich의 추상화들에 차례차례 시선을 던진다. 그러고 나서 그녀는 발작적으로 펼쳐져 있는 책들을 치워버리고 그 자리에 보란 듯이 인간 심연의 열정을 암시하는 그림들을 세워놓는다. 바로 이 순간 다시 「트리스탄과 이졸데」 서곡이 울려 나온다. 그러니까 사랑과 갈망, 죽음의 주제가 다시 부각되는 것이다. 먼저 저스틴은 브뤼헐의 「눈 속의 사냥꾼들」을 펼친다. 다음으로 다급하게 밀레이의 「오필리아」를 손에 쥔다. 다음 차례는 카라바조Michelangelo da

Caravaggio의 「골리앗의 머리를 든 다윗 왕」, 브뤼헐의 「게으름뱅이의 천국」, 마지막으로 외롭게 우는 수사슴을 묘사한 칼 프레드리크 힐Carl Fredrik Hill의 스케치다.

물 위에 떠 있는 아름다운 오필리아, 입을 반쯤 벌린 채 성녀 또는 사랑하는 여인처럼 저 어딘지 모를 허공 속으로 시선을 던지고 있는 오필리아는 에로스와 죽음 사이의 친연성을 다시금 환기한다. 셰익스피어의 작품 속에서 햄릿의 연인 오필리아는 떨어진 꽃잎에 둘러싸인 채 마치 사이렌처럼 노래하며 죽어간다. 그녀는 아름다운 죽음, 사랑의 죽음을 맞이한다. 밀레이의 그림 「오필리아」에는 셰익스피어가 언급하지 않은 꽃 한 송이가 그려져 있다. 그것은 붉은 양귀비로, 에로스와 꿈, 도취를 암시한다. 카라바조의 그림 「골리앗의 머리를 든 다윗 왕」 역시 갈망과 죽음에 관한 그림이다. 반면 브뤼헐의 「게으름뱅이의 천국」은 배가 터질 것 같은 긍정성의 사회, 동일자의 지옥을 보여준다. 뚱뚱한 사람들이 포만감에 지친 듯 여기저기 누워 있다. 여기서는 선인장조차 가시가 없다. 선인장은 빵으로 되어 있다. 이 나라에서는 모든 게 먹을 수 있는 것이고 그런 의미에서 긍정적이다. 이 배부른 사회는 「멜랑콜리아」의 병적인 결혼식 하객들의 사회와 닮아 있다. 흥미롭게도 저스틴은 브뤼헐의 「게으름뱅이의 천국」을 산 채로 갈비뼈를 묶어서 매달아놓은 노예의 그림(윌리엄 블레이크William Blake 작) 옆에 세워놓는다. 이로써 비가시적인 긍정성의 폭력이 착취하고 강탈하는 잔혹한 부정성의 폭력과 대비된다. 저스틴은 책장에 칼 프레드리크 힐이 그린 외롭게 우는 수사슴의 스케치를 펼쳐놓은 직후 서재를 떠난다. 이 스케치는 저스틴이 마음속에서 느끼고 있는 사랑을 향한 동경과 에로틱한 갈망을 다시 한 번 표현해준다. 이 장면에서도 그녀의 우울증은 사랑의 불가능성으로 나타난다. 라스 폰 트리에는 칼 프레드리크 힐이 평생 심한 정신병과 우울증으로 고생했다는 것을 알고 있었음이 분명하다. 여기서 제시되는 그림들의 순서는 영화 담론 전체를 재현한다. 에로스, 에로스적 욕망이 우울증을 제압한다. 에로스는 동일자의 지옥에서 아토피아로, 즉 완전히 다른 자의 유토피아로 이끌어간다.

「멜랑콜리아」의 묵시록적 하늘은 블랑쇼Maurice Blanchot가 유년 시절의 원초적 장면으로서 경험한 저 텅 빈 하늘을 닮아 있다. 블랑쇼에게 그 하늘은 동일자를 갑자기 중단시킴으로써 완전히 다른 자의 아토피아를 계시해준다. "나는 일곱 살이나 여덟 살쯤 된 아이였다. 나는 어느 빈 집 안에 있었다. 닫혀 있는 창문 근처에서 나는 밖을 내다보았는데—갑자기, 그보다 더 갑작스러운 일은 있을 수 없을 듯했다—마치 하늘이 열리는 것 같았다. 무한자를 향해 무한히 열릴 듯했고, 이 압도적인 열림의 순간은 무한자를, 하지만 무한히 공허한 무한자를 인정하라고 내게 손짓하는 것처럼 느껴졌다. 그 결과는 낯설고 당혹스러운 것이었다. 갑작스럽게 닥쳐온 하늘의 절대적 공허, 보이지도 않고 어둡지도 않은 하늘—신의 공허함. 그것은 명백했다. 그리고 이점에서 그것은 신성한 것에 대한 단순한 암시를 훨씬 뛰어넘는 사건이었다—, 그 하늘을 본 충격이 너무나 매혹적이고 너무나 큰 기쁨을 주었으므로, 아이의 눈에는 일순간 눈물이 가득 고였다. 그리고 거짓 없이 덧붙여 말하자면 그것이 아이의 마지막 눈물이었던 것 같다."[2] 아이는 텅 빈 하늘의 무한성에 매혹된다. 아이는 자기 자신에게서 떨어져 나온다. 아이는 내면을 잃고 경계를 벗어나 깨끗이 비워진 상태로 아토포스적 외부 속으로 들어간다. 이러한 파국적 사건, 외부의 침입, 완전히 다른 자의 침입은 자신에게서 벗어나는 사건Ent-Eignis, 자신의 지양이자 비움, 즉 죽음의 과정이기도 하다. "하늘의 공허. 유예된 죽음: 재앙."[3] 그러나 이 재앙은 아이에게 "어마어마한 기쁨"을, 부재의 **행복**을 안겨 준다. 여기에 바로 재앙의 변증법이 있다. 재앙의 **변증법**은 영화 「멜랑콜리아」의 구성 원리로도 작동한다. 파국적 재난 은 뜻하지 않게 구원으로 역전된다.

2장 할 수 있을 수 없음

성과사회는 금지 명령을 발하고 당위('해야 한다')를 동원하는 규율사회와 반대로 전적으로 '할 수 있다'라는 조동사의 지배 아래 놓여 있다. 생산성이 어느 지점에 이르면 해야 함은 곧 한계를 드러낸다. 생산성의 향상을 위해서 해야 함은 할 수 있음으로 대체된다. 착취를 위해서는 동기 부여, 자발성, 자기 주도적 프로젝트를 부르짖는 것이 채찍이나 명령보다 더 효과적이다. 성과주체는 자기 자신의 경영자로서 명령하고 착취하는 타자에게 예속되어 있지 않다는 점에서는 자유롭다고 할 수 있지만, 결코 진정으로 자유로운 것은 아니다. 왜냐하면 그러한 주체는 자기 자신을, 그것도 자발적으로, 착취하기 때문이다. 착취자는 피착취자이기도 하다. 그는 가해자인 동시에 피해자다. 자기 착취는 자유의 감정 속에서 이루어지는 까닭에 타자 착취보다 훨씬 더 효율적이다. 이로써 지배 없는 착취가 가능해진다.

푸코Michel Foucault 역시 신자유주의적인 호모 에코노미쿠스가 규율사회에 살고 있지 않으며 자기 자신의 경영자로서 더 이상 복종적 주체는 아니라는 사실을 지적한다.[4] 하지만 그는 자기 자신의 경영자가 정말로 자유롭지는 못하다는 것, 자기 자신을 착취하면서 자유롭다고 착각하고 있을 뿐이라는 것을 인식하지 못한다. 푸코는 신자유주의에 대해 긍정적 태도를 취한다. 그는 무비판적으로 신자유주의 체제가 "최소 국가의 시스템"[5]이자 "자유의 관리자"[6]로서 시민적 자유를 가능하게 한다고 본다. 자유에 관한 신자유주의적 구호에 깔려 있는 폭력과 강제의 구조는 푸코의 시야를 완전히 벗어난다. 그리하여 그는 신자유주의적 자유의 구호를 자유를 가능하게 해주는 자유로 해석한다. "나는 당신에게 자유의 가능성을 마련해주겠다. 나는 당신이 자유로울 자유가 있도록 여건을 조성하겠다."[7] 하지만 신자유주의적 자유의 구호는 실제로는 "자유로워져라"라는 역설적 명령문으로 나타난다. 이러한 명령은 성과주체를 우울증과 소진 상태 속에 빠뜨린다. 푸코가 말하는 "자아의 윤리"는 억압적 정치권력, 즉 타자 착취에 대항하기는 하지만 자기 착취의 바탕에 놓여 있는 자유의 폭력에 대해서는 맹목적이다.

'넌 할 수 있어'라는 구호는 엄청난 강제를 낳으며 성과주체를 심각하게 망가뜨린다. 성과주체는 자가 발전된 강제를 자유라고 여기며, 강제를 강제로 인식하는 데 실패한다. '넌 할 수 있어'는 심지어 '넌 해야 해'보다 더 큰 강제력을 행사한다. 자기 강제는 타자 강제보다 더 치명적이다. 왜냐하면 자기 자신에게 저항하는 것은 불가능하기 때문이다. 신자유주의적 체제는 자신의 강제 구조를 개개인이 누리고 있는 가상의 자유 뒤로 숨긴다. 그 속에서 개개인은 스스로를 더 이상 예속된 주체Subjekt가 아니라 기획하는 프로젝트Projekt로 이해한다. 그것이 바로 신자유주의 체제의 간계다. 좌절하는 자는 결국 자기 잘못이며 장차 이러한 죄를 계속 짊어지고 다니게 된다. 실패에 대해 책임을 물을 만한 사람은 그 자신 외에는 아무도 없다. 빚을 탕감받고 속죄할 수 있는 가능성 또한 더 이상 남아 있지 않다. 이로써 채무의 위기뿐만 아니라 보상의 위기까지 발생한다.

채무의 탕감도, 보상도 모두 타자를 전제한다. 따라서 타자와의 유대가 없다는 사실이 바로 보상의 위기와 채무의 위기가 발생할 수 있는 초월적 조건을 이룬다. 이러한 위기에서 분명해지는 것은 널리 퍼져 있는 견해(예컨대 발터 벤야민Walter Benjamin의 견해)와는 반대로 자본주의가 종교일 수 없다는 점이다. 왜냐하면 모든 종교는 죄(채무)와 죄사함(채무 면제)의 메커니즘에 따라 작동하기 때문이다. 자본주의는 죄(채무)를 만들기만 할 뿐이다. 자본주의에는 속죄의 가능성, 채무자를 채무에서 해방시켜줄 가능성이 존재하지 않는다. 채무에서 벗어날 수 없다는 것, 속죄할 수 없다는 것은 성과주체를 우울증에 빠뜨리는 원인이기도 하다. 우울증은 소진증후군과 더불어 할 수 있음이 초래하는 **구제할 수 없는 좌절**이며, 다시 말해 심리적 **파산 상태**를 드러내는 질병이다. 파산Insolvenz이란 말 그대로 채무 상환solvere이 불가능한 상태를 의미한다.

에로스는 성과와 할 수 있음의 피안에서 성립하는 타자와의 관계다. '할 수 있을 수 없음Nicht-Können-Können'이 에로스에 핵심적인 부정 조동사다. 다르다는 것의 부정성, 즉 할 수 있음의 영역을 완전히 벗어나 있는 타자의 아토피아

존 에버렛 밀레이, 「오필리아」

피터르 브뤼헐, 「눈 속의 사냥꾼들」

카지미르 말레비치, 「검은 원」과 「붉은 사각형」

미켈란젤로 카라바조, 「골리앗의 머리를 든 다윗 왕」

피터르 브뤼헐, 「게으름뱅이의 천국」

칼 프레드리크 힐, 「우는 수사슴」

윌리엄 블레이크, 「산 채로 갈비뼈를 묶어서 매단 흑인 노예」

가 에로스적 경험의 본질적 성분을 이룬다. "타자의 본질을 규정하는 것은 바로 이질성이다. 그리고 우리가 이러한 이질성을 절대적으로 원초적인 에로스의 관계 속에서, 즉 할 수 있음으로 번역할 수 없는 관계 속에서 찾으려 한 이유는 바로 여기에 있다."[8] 할 수 있음의 절대화는 바로 타자를 파괴한다. 타자와의 성공적인 관계는 일종의 실패로 여겨진다. 타자는 오직 할 수 있을 수 없음을 통해서만 모습을 드러내기 때문이다. "타자에 대한 에로스의 이러한 관계를 실패로 규정할 수 있을까? 다시 한 번 답은 그렇다이다. 만약 우리가 흔히 에로스의 묘사에 사용되는 용어를 그대로 받아들인다면, 그래서 에로스적인 것을 '붙잡다' '가지다' '알다'와 같은 말로 규정하려 한다면 말이다. 에로스 속에 그런 것은 전혀 없다. 혹은 에로스는 그 모든 것의 실패다. 우리가 타자를 소유하고 붙잡고 알 수 있다면, 그는 더 이상 타자가 아닐 것이다. '가지다' '알다' '붙잡다'는 모두 할 수 있음의 동의어다."[9]

오늘날 사랑은 긍정화되고 그 결과 성과주의의 지배 아래 놓여 있는 성애Sexualität로 변질된다. 섹시함은 증식되어야 하는 자본이다. 전시가치를 지닌 신체는 상품과 다를 것이 없다. 타자는 성애화되어 흥분을 일으키는 대상으로 전락한다. 우리는 이질성이 제거된 타자를 사랑하지 못한다. 우리는 그것을 다만 소비할 뿐이다. 그러한 타자는 성적인 부분 대상들로 파편화되기에 더 이상 하나의 인격성을 지니지도 못한다. 성적 인격이란 것은 존재하지 않는다.

타자가 성적 대상으로 여겨질 때, 타자가 성적 대상으로 지각될 때, 부버Martin Buber가 말한 "근원거리Urdistanz"는 손상된다. 부버에 따르면 근원거리는 "인간의 원리"로 기능하며 타자성Alterität이 성립할 수 있는 초월적 전제를 이룬다.[10] "근원거리 두기"는 타자가 하나의 대상, '그것'으로 전락하고 사물화되는 것을 막아준다. 성적 대상으로서의 타자는 더 이상 "너"가 아니다. 그러한 타자와는 어떤 관계도 맺어지지 않는다. "근원거리"는 타자를 그의 다름 속으로 놓아주는, 그 속으로 멀어지게distanziert 하는 초월적인 예의 Anstand를 창출한다. 그것은 바로 강한 의미에서 말 건네기 Anrede를 가능하게 한다. 우리는 성적 대상을 부를anrufen 수는 있겠지만 그것에게 말을 건넬anreden 수는 없다. 성적 대상에는 "얼굴"도 없다. 얼굴은 타자성, 즉 거리를 요구하는 타자의 다름을 구성하는 본질적인 요소이기 때문이다.

오늘날에는 예의가, 예의바름Anständigkeit이, 바로 이격성離隔性, Abständigkeit이 사라져가고 있다. 즉 타자를 그의 다름이라는 면에서 경험하는 능력이 없어지고 있는 것이다.

우리는 오늘날 디지털 미디어에 의지하여 타자를 최대한 가까이 끌어오려고 한다. 그리고 가깝게 만들기 위해 타자와의 거리를 파괴하려 한다. 하지만 이를 통해 우리는 타자에게서 아무것도 얻지 못하게 된다. 거리의 파괴는 타자를 가까이 가져오기는커녕 오히려 타자의 실종으로 귀결된다. '가까움'은 그 속에 '멂'이 기입되어 있다는 점에서 일종의 부정성이라고 할 수 있다. 지금은 먼 것의 완전한 철폐 과정이 진행되고 있다. 하지만 먼 것의 철폐는 가까움을 만들어내기는커녕, 오히려 가까움의 철폐로 이어진다. 가까움 대신에 거리의 부재 상태가 형성되는 것이다. 가까움은 부정성이기에 속에 긴장을 품고 있다. 반면 거리의 부재는 긍정성이다. 부정적인 것은 그 대립자에 의해 활력을 얻는다. 바로 여기에 부정성의 힘이 있다. 오직 긍정적이기만 한 것에는 이처럼 생동하게 하는 힘이 없다.

오늘날 사랑은 긍정화되어 향락의 공식으로 여겨진다. 사랑은 무엇보다도 안락한 감정을 생성해야 한다. 사랑은 더 이상 행위도, 이야기도, 드라마도 아니며, 흔적을 남기지 않는 기분이요 흥분이다. 이제 사랑은 상처와 급습과 추락의 부정성을 알지 못한다. (사랑에) 빠지는 것조차 너무 부정적일 것이다. 하지만 바로 이러한 부정성이야말로 사랑의 본질을 이룬다. "사랑은 하나의 가능성이 아니다. 사랑은 우리의 주도권에 따라 만들어지지 않는다. 사랑은 밑도 끝도 없이, 우리를 급습하고, 우리에게 상처를 입힌다."[11] 할 수 있음이 지배하는 성과사회, 모든 것이 가능한 사회, 주도권과 프로젝트가 전부인 사회는 상처와 고뇌Passion*로서의 사랑에 접근하지 못한다.

성과 원리는 오늘날 삶의 전 영역을 지배하고 있으며, 사랑과 성애도 그 손아귀에서 벗어나지 못한다. 베스트셀러 소설 『그레이의 50가지 그림자』의 여주인공은 그녀의 파트너가 자신과의 관계를 마치 "정해진 근무 시간, 명료하게 정의된 업무, 성과의 질을 보장해주는 철저한 방법을 갖춘 일자리"처럼 생각하는 것에 대해 어리둥절해한다.[12] 성과 원리는 극단 또는 위반의 부정성과 양립하지 못한다. 따

* (옮긴이) 열정, 정념, 수난, 고난을 의미함.

라서 예속된 주체인 "서브미시브sub-missive"가 이해해아 한 "칩의 사상"에는 다음과 같은 것들이 포함되어 있다. 충분한 운동, 건강한 식사, 넉넉한 수면. 간식으로 과일 외에 다른 음식을 먹는 것도 금지된다. "서브미시브"는 과음을 피해야 하고, 흡연이나 마약을 해서도 안 된다. 섹스조차 건강의 계율에 종속된다. 모든 형태의 부정성이 배제된다. 금지된 행동의 목록에는 배설물의 사용도 들어 있다. 상징적인 더러움도, 실제 더러움도 제거되어야 할 부정성이다. 여주인공은 언제나 청결함을 유지하고 깨끗이 면도하거나 왁싱을 해야 할 의무를 진다.[13] 소설 속에서 묘사되는 사도마조히즘은 성행위 중의 기분전환용 놀이에 지나지 않는다. 여기에는 바타유적인 **위반의 에로티즘**을 특징 짓는 부정성, 즉 위반과 일탈의 부정성이 전혀 없다. 따라서 사도마조히즘 놀이는 절대로 사전에 합의한 "하드 리미트hard limits"를 벗어나서는 안 된다. 더 나아가 이른바 "세이프워드safewords"의 사용은 사도마조히즘이 극단적 형태로 나아가는 것을 방지해준다. 과도하게 반복 사용되는 "감미로운"이라는 형용사는 긍정성의 명령이 모든 것을 향유와 소비의 공식으로 바꾸어버리고 있음을 시사한다. 그리하여 『그레이의 50가지 그림자』에서는 심지어 "감미로운 고문"이라는 말까지 나온다. 이러한 긍정성의 세계에서는 소비 가능한 것만이 허용된다. 고통조차 향유할 수 있는 대상이 되어야 한다. 고통의 모습으로 나타나는 헤겔G. W. F. Hegel의 부정성은 더 이상 존재하지 않는다.

이용 가능한 현재는 동일자의 시간이다. 반면 미래는 절대적으로 경이적인 사건을 향해 열린다. 우리가 미래와 맺는 관계는 아토포스적 타자, 즉 동일자의 언어 속에 포섭되지 않는 타자와의 관계다. 하지만 오늘날 미래는 타자의 부정성을 벗어버리고 모든 재앙을 차단한 긍정성, **최적화된 현재**가 된다. 다른 한편으로, 있었던 것의 박물관화는 과거를 파괴한다. 과거는 **반복 가능한 현재**가 되어 다시는 되돌릴 수 없다는 부정적 특성을 상실한다. 기억은 있었던 것을 그대로 다시 눈앞에 떠오르게 해주는 단순한 복원의 기관이 아니다. 있었던 것은 기억 속에서 끊임없이 변화한다. 기억은 앞으로 나아가는 살아 있는 서사적 과정이며,[14] 이 점에서 데이터 저장 장치와 구별된다. 데이터 저장 장치와 같은 기술 매체는 있었던 것에서 모든 생명력을 빼앗아간다. 그것은 무시간적이다. 그리하여 오늘날 세계는 전면적인 현재의 지배 속에 놓이게 된다. 전면적 현재는 순간Augenblick을 폐기한다. 순간이 없는 시간은 그저 더해지기만 할 뿐, 더 이상 상황적 의미를 지니지 못한다. 그것은 클릭Klick의 시간으로서, 결정과 결단을 알지 못한다. 순간은 사라지고 클릭이 그 자리를 대신한다.

에로틱한 갈망은 타자의 특수한 부재에 결부되어 있다. 그것은 무로서의 부재가 아니라 "미래 지평 속에서의 부재"다. 미래는 타자의 시간이다. 동일자의 시간인 현재의 전면적 지배는 부재의 소멸을 초래한다. 부재하기에 마음대로 소유하거나 처분할 수 없는 타자도 이와 함께 사라진다. 레비나스Emmanuel Lévinas는 애무와 쾌락을 에로틱한 갈망의 형상으로 해석한다. 부재의 부정성은 애무와 쾌락에 있어서 본질적 계기를 이룬다. 애무는 "달아나는 것과의 놀이,"[15] 끊임없이 미래를 향해 사라져가는 무언가를 찾아가는 행위다. 애무의 갈망은 아직 오지 않은 것을 양분으로 하여 자라난다. 쾌락의 강렬함 역시 감각의 공유 속에서도 타자가 부재한다는 사실에서 나온다. 오늘날 사랑은 욕구, 만족, 향락 이상의 의미를 지니지 못하기에 타자의 결핍이나 지체를 받아들이지 못한다. 검색 엔진이자 소비 엔진으로서의 사회는 찾을 수 없고, 붙잡을 수 없고, 소비할 수 없는 부재자를 향한 모든 갈망을 폐기한다. 그러나 에로스가 깨어나는 것은 "타자를 주면서 동시에 빼앗는"[16] "얼굴들"에 직면할 때이다. "얼굴visage"은 비밀이 없는 페이스face의 대척점에 있다. 페이스는 포르노처럼 발가벗겨진 채 전시되는 상품이며, 시선에 완전히 노출되고 남김없이 소비된다.

레비나스의 에로스 윤리는 과잉과 광기로 표출되는 에로티즘의 심연을 인식하게 해주지는 못하지만, 오늘의 사회에서 나르시시즘적 경향의 심화와 함께 사라져가고 있는 타자의 부정성, 마음대로 다룰 수 없는 아토포스적 이질성에 주의를 기울일 것을 강력하게 촉구한다. 또한 레비나스의 에로스 윤리는 타자를 경제적 수단으로 사물화하는 데 대한 저항으로 재해석할 수도 있을 것이다. 이질성은 소비 가능한 차이가 아니다. 자본주의는 모든 것을 소비의 대상으로 삼기 위해 도처에서 이질성을 제거한다. 에로스는 타자에 대한 **비대칭적** 관계다. 에로스는 교환 관계를 중단시킨다. 이질성은 부기의 대상이 될 수 없다. 이질성은 대차대조표 상에 나타나지 않는다.

3장 벌거벗은 삶

미소년 아도니스를 엄니로 받아 죽인 수퇘지는 광기와 과잉으로 표출되는 에로티즘의 현현이다. 아도니스가 죽은 뒤 수퇘지는 다음과 같이 말했다고 한다. 나는 "성적으로 흥분된 엄니(erotikous odontas)"로 그저 애무하려 했을 뿐, 결코 아도니스를 다치게 할 생각은 없었다. 마르실리오 피치노Marsilio Ficino는 플라톤의 『향연』에 대한 책에서 연인의 성적으로 흥분된 눈(erotikon omma)[17]을 묘사한다. 그것은 흥분된 엄니와 마찬가지로 치명적인 열정에 사로잡혀 있다. "당신의 눈은 나의 눈을 꿰뚫고 들어와 나의 골수에 뜨거운 불길을 일으키나니 당신으로 인해 사멸해가는 자를 긍휼히 여기시라."[18] 여기서 피는 에로틱한 커뮤니케이션의 매체로 기능한다. 사랑하는 자와 사랑받는 자의 흥분된 눈 사이에서 일종의 수혈이 이루어진다. "뮈리누스의 파이드로스와 그에게 반해버린 테베의 연설가 뤼시아스를 생각해보라. 뤼시아스는 벌어진 입을 다물지 못한 채 파이드로스를 뚫어지게 바라본다. 파이드로스는 자신의 눈에서 튀어나오는 불꽃광선이 뤼시아스의 눈을 향하게 하고 이와 함께 뤼시아스에게 생명의 기운을 보낸다. 이렇게 서로 눈이 마주치는 가운데 파이드로스의 광채가 뤼시아스의 광채와 쉽게 하나가 되고 마찬가지로 한쪽의 생기가 다른 쪽의 생기와 결합한다. 파이드로스의 심장에서 생겨나는 생기의 연무는 즉시 빠른 속도로 뤼시아스의 심장을 향해 흘러가서는 심장 속의 단단한 실체를 통해 응축되어 다시 피로 변한다. 그러니까 본래 상태로, 즉 파이드로스의 피로 되돌아오는 것이다. 경이로운 과정이다! 파이드로스의 피가 뤼시아스의 심장 속에 있다니!"[19] 고대의 에로틱한 커뮤니케이션은 결코 안락한 것이 아니었다. 사랑은 피치노에 따르면 "전염병 중에서도 최악의 전염병"이다. 그것은 "변신"이다. 사랑은 "인간에게서 고유한 본성을 빼앗고 그에게 타인의 본성을 불어넣는다."[20]

바로 이러한 변신과 상처가 사랑의 부정적 본질을 이룬다. 하지만 오늘날 사랑이 점점 더 긍정화되고 길들여짐에 따라 사랑의 부정성도 희귀해져간다. 사람들은 자기 동일성을 버리지 않으며 타자에게서 그저 자기 자신을 확인하려 할 따름이다.

에바 일루즈는 연구서 『낭만적 유토피아 소비하기』에서 오늘날 사랑이 "여성화"되고 있다고 확언한다. "상냥한" "친밀한" "조용한" "편안한" "달콤한" "부드러운"처럼 낭만적 사랑 장면의 묘사에서 사용되는 형용사들은 전부 다 "여성적"이다. 남자든 여자든 여성적 감정의 영역으로 몰아넣는 낭만주의의 이미지가 세상에 가득하다.[21] 그러나 그녀의 진단과 달리 오늘날 사랑이 단순히 "여성화"되었다고 말할 수는 없다. 모든 삶의 영역이 긍정성을 향해 나아가고 있는 가운데 사랑도 위험을 감수하지 않고 과잉이나 광기에 빠지지 않은 채 즐길 수 있는 소비의 공식에 따라 길들여진다. 모든 부정성, 모든 부정의 감정은 회피된다. 고통과 열정은 안락한 감정과 아무 흔적도 남기지 않는 흥분에 자리를 내준다. 속성 섹스의 시대, 즉흥적 섹스, 긴장 해소를 위한 섹스가 가능한 시대에는 성애 역시 모든 부정성을 상실한다. 부정성의 완전한 부재로 인해 오늘날 사랑은 소비와 쾌락주의적 전략의 대상으로 쪼그라든다. 타자를 향한 갈망은 동일자의 안락함으로 대체된다. 사람들이 추구하는 것은 동일자의 편안한 내재성, 편하게 늘어져 있는 내재성이다. 오늘날의 사랑에는 어떤 초월성도, 어떤 위반도 없다.

헤겔의 주인과 노예의 변증법은 삶과 죽음을 건 싸움을 묘사한다. 뒤에 가서 주인의 자리를 차지하는 자는 죽음을 두려워하지 않는다. 자유와 인정, 독립을 갈망하는 그의 마음은 **벌거벗은 삶**에 대한 근심을 초월한다. 죽음을 두려워하는 자는 이로 인해 타자에게 굴종하고 결국 노예가 된다. 그는 죽음의 위험 대신 노예 상태를 선택한다. 그는 벌거벗은 삶에 달라붙어 떨어지려 하지 않는다. 신체적 우위에 있는 쪽이 꼭 투쟁의 승자가 되는 것은 아니다. 결정적인 것은 오히려 "죽음의 능력"[22]이다. 죽음을 향한 자유를 알지 못하는 자는 자신의 삶을 걸지 못한다. 그는 "자기 자신을 데리고 죽음에까지 가는" 대신에 "죽음의 내부에서 자기 자신에게 머물러 있다."[23] 그는 죽음을 무릅쓰지 못한다. 그래서 결국 노예가 되고 일을 한다.

노동과 벌거벗은 삶은 죽음의 부정성에 대한 반응이라는

점에서 서로 긴밀하게 연결되어 있다. 오늘날 벌거벗은 삶을 지키려는 경향은 더욱 첨예화되어 건강의 절대화와 물신화로 치닫고 있다. 현대의 노예는 자주성과 자유보다 건강을 더 중시한다. 그는 니체Friedrich Nietzsche가 말한 최후의 인간, 즉 건강 자체를 절대적 가치로 여기는 인간과 흡사하다. 건강은 최후의 인간에게 "위대한 여신"으로 떠받들어진다. "사람들은 건강을 추앙한다. '우리는 행복을 발명했다.' 최후의 인간들은 이렇게 말하며 눈을 꿈뻑거린다."[24] 벌거벗은 삶이 신성시될 때, 신학은 치료법으로 대체된다. 아니면 치료법이 신학화된다고 할 수도 있을 것이다. 벌거벗은 삶의 성과목록 속에 죽음이 들어갈 자리는 없다. 그런데 노예로 남아 벌거벗은 삶에 매달리는 한, 인간은 주인에 대한 굴종에서 벗어날 수 없다. "그러나 싸우는 자에게나 승자에게나 똑같이 혐오스러운 대상은 너희의 비죽거리는 죽음이다. 죽음은 도둑처럼 살금살금 다가오지만 결국 주인으로서 모습을 드러낸다."

과잉과 위반으로서의 에로스는 노동도, 벌거벗은 삶도 부정한다. 따라서 벌거벗은 삶에 매달려 노동하는 노예는 에로틱한 경험을 하지도 못하고, 에로틱한 갈망을 품을 줄도 모른다. 오늘날의 성과주체는 헤겔의 노예와 유사하다. 다만 주인을 위해서 일하는 것이 아니라 스스로를 자발적으로 착취한다는 점이 다를 뿐이다. 성과주체는 자기 자신의 경영자로서 주인인 동시에 노예이기도 하다. 그것은 주인과 노예의 변증법을 이야기한 헤겔도 생각하지 못한 치명적인 통일성이다. 자기 착취의 주체는 타자 착취의 주체만큼이나 자유롭지 못하다. 우리가 주인과 노예의 변증법을 자유의 역사로 파악한다면, 지금 "역사의 종언"을 운운할 수는 없을 것이다. 왜냐하면 우리가 진정으로 자유로워지기까지는 아직 먼 길이 남아 있기 때문이다. 오늘날 우리는 주인과 노예가 통일을 이루고 있는 역사적 단계에 처해 있다고 할 수 있으리라. 우리는 노예 주인 혹은 주인 노예일 뿐, 결코 자유로운 인간은 아니다. 자유로운 인간은 역사가 종말에 이를 때 비로소 실현될 것이다. 그러므로 역사는 결코 끝난 것이 아니다. 역사를 자유의 역사로 이해한다면 말이다. 역사는 우리가 정말 자유로워질 때, 우리가 주인도 노예도 아니고, 주인 노예도, 노예 주인도 아닐 때 비로소 종언을 고할 것이다.

자본주의는 벌거벗은 삶을 절대화한다. 좋은 삶은 자본주의의 목표가 아니다. 축적과 성장을 향한 자본주의의 강박은 바로 죽음에 대한 저항으로 이어진다. 자본주의에서 죽음은 절대적 손실일 뿐이기 때문이다. 아리스토텔레스에게 순수한 영리 행위는 **좋은 삶**이 아니라 단순히 **삶 자체**에만 매달리기 때문에 비도덕적인 것으로 나타난다. "따라서 어떤 사람들은 영리를 가정 관리의 과업이라고 여기고, 화폐 자산을 잘 보존하든가 무한히 증식시켜야 한다는 견해를 줄기차게 옹호한다. 이러한 신념의 기반은 부지런히 삶을 돌보려는 노력이지만, 그것은 좋은 삶을 위한 노력은 아니다."[25] 자본과 생산의 운동은 좋은 삶을 목표로 하는 이념을 떨쳐버림으로써 무한한 가속화 과정에 빠진다. 방향을 상실한 운동은 극단적으로 가속화된다. 이로써 자본주의는 노골적이고 파렴치해진다.

헤겔은 그 누구보다도 타자에 대해 강한 감수성을 지닌 사상가였다. 이러한 감수성을 개인적 기벽으로 깎아내려서는 안 될 것이다. 우리는 헤겔을 데리다Jacques Derrida나 들뢰즈Gilles Deleuze, 또는 바타유Georges Bataille 등이 가르쳐준 것과 다른 방식으로 읽을 필요가 있다. 그들의 독해에 따르면 "절대자"는 폭력과 총체성을 가리킨다. 그러나 헤겔에게 절대자는 무엇보다도 사랑을 의미한다. "내용의 면에서 볼 때 사랑 속에는 우리가 절대 정신의 근본 개념으로 제시한 계기들이 담겨 있다. 즉 자신의 타자로부터 자기 자신으로의 화해로운 귀환."[26] 절대적이라는 것은 곧 제한되지 않는다는 것이다. 직접적으로 자기 자신을 원하기에 타자에게서 등을 돌리는 정신은 제한된 정신이다. 절대적인 정신은 이와 반대로 타자의 부정성을 인정한다. "정신의 삶"은 헤겔에 의하면 "죽음 앞에서 겁을 먹고 파멸로부터 온전히 스스로를 보존하는" 벌거벗은 삶이 아니라 "죽음을 감내하고 죽음 속에서 스스로를 유지해가는" 삶이다. 정신이 생동성을 지니는 것은 바로 죽을 수 있는 능력 덕분이다. 절대적인 것은 "부정적인 것을 도외시하는 긍정성"이 아니다. 정신은 오히려 "부정적인 것을 정면으로 응시하며" 그 곁에 "머물러" 있다.[27] 정신은 절대적이다. 정신은 극단적인 데까지, 극도의 부정성에 이르기까지 과감하게 들어가 이를 자기 안에 끌어안기 때문이다. 더 정확하게 표현한다면, 극단적인 것과 극도의 부정성을 **자기 안에 품음으로써** 완결을 이루기 때문이다. 순수한 긍정성만이 지배하는 세계, 긍정성이 과잉으로 치닫는 세계에서 정신은 설 자리를 잃어버린다.

"절대적인 것의 정의"는 헤겔에 의하면 다음과 같다. "절대적인 것은 결론이다."[28] 여기서 결론Schluss은 형식논리적 범주가 아니다. 헤겔이라면 아마도 삶 자체가 하나의 결론이라고 말할 것이다. 결론이 절대적인 것이 아니라 제한된 것에 지나지 않는다면, 그러니까 성급한 결론이라면, 그것은 일종의 폭력, 타자에 대한 폭력적 배제라고 할 수 있을 것이다. 절대적 결론은 타자 속에 한동안 머문 뒤에야 오랜 시간을 두고 천천히 찾아온다. 변증법 자체가 끝맺고 열고 다시 끝맺는 운동이다. 결론을 맺을 능력이 없다면 정신은 타자의 부정성에 상처 입고 피를 흘리며 죽어버릴 것이다. 모든 결론, 모든 끝맺음이 폭력인 것은 아니다. 사람들은 평화를 맺고 우정을 맺는다. 우정은 하나의 결론이다. 사랑은 절대적 결론이다. 사랑은 죽음, 즉 자아의 포기를 전제하기에 절대적이다. "사랑의 진정한 본질"은 "자기 자신에 대한 의식을 포기하고, 다른 자아 속에서 스스로를 잊어버린다는 점"에 있다.[29] 헤겔의 노예는 의식이 제한되어 있다. 그의 의식은 절대적 결론을 맺을 능력이 없다. 그것은 그가 자기 자신에 대한 의식을 포기하지 못하기 때문이다. 즉 죽을 줄 모르기 때문이다. 절대적 결론으로서의 사랑은 죽음 속을 통과한다. 사랑하는 자는 타자 속에서 죽지만 이 죽음에 뒤이어 자기 자신으로의 귀환이 이루어진다. 사람들은 흔히 타자를 폭력적으로 붙들어 자기 소유로 삼는 것을 헤겔 사유의 중심 형상으로 이해하지만, 헤겔이 말하는 "타자로부터 자기 자신으로의 화해로운 귀환"은 그런 것과는 아무런 관계도 없다. 그것은 오히려 나 자신을 희생하고 포기한 뒤에 오는 **타자의 선물**이다.

우울한 나르시시즘적인 주체는 어떤 결론도 맺지 못한다. 하지만 결론이 맺어지지 않는다면 모든 것이 흘러가고 떠내려가버릴 것이다. 우울증의 주체가 안정된 자아상을 갖지 못하는 것은 바로 이 때문이다. 우유부단함, 결단력의 결핍이 우울증의 전형적 증상이라는 사실은 놀라운 일이 아니다. 우울증은 **과도한 개방과 탈경계**의 와중에서 끝맺음을 하고 완결지을 수 있는 능력이 실종되어버린 이 시대의 특징적 현상이다. 사람들은 삶을 완결지을 줄 모르기 때문에 죽는 법도 잊어버렸다. 성과주체 역시 결론을 맺지 못하고, 완결이라는 것을 알지 못하는 자이다. 그는 더 많은 실적을 올려야 한다는 강박 속에서 바스러진다.

마르실리오 피치노에게도 사랑이란 타자 속에서 죽는다는 것을 의미한다. "나를 사랑하는 당신을 사랑하면서, 나는 당신 속에서 나를 다시 발견한다. 당신이 나를 생각하기에. 그리고 당신 속에서 나를 버린 뒤에 나는 나를 되찾는다. 당신이 나를 살아 있게 하므로."[30] 피치노는 사랑하는 자가 다른 자아 속에서 자기 자신을 망각하지만 이러한 소멸과 망각 속에서 오히려 자기 자신을 "되찾고" 심지어 "소유"한다고 말한다. 그렇다면 이러한 소유는 곧 타자의 선물일 것이다. 타자가 우선한다는 점에서 에로스의 힘은 아레스*의 폭력과 구별된다. 권력 관계, 혹은 지배 관계 속에서 나는 타자에 맞서 나 자신을 주장하고 관철하기 위해 타자를 내게 굴복시키려 한다. 반면 에로스의 힘Macht은 무력함Ohn-macht을 함축한다. 무력해진 나는 스스로를 내세우고 관철하는 대신, 타자 속에서 혹은 타자를 위해 나 자신을 잃어버리고, 타자는 그런 나를 다시 일으켜 세워준다. "지배자는 자기 자신을 통해 타자를 장악하지만, 사랑하는 자는 타자를 통해 자기 자신을 되찾는다. 사랑하는 두 사람은 각

---

* (옮긴이) 그리스 신화에 나오는 군신軍神.

각 자기 자신에게서 걸어나와 상대방에게로 건너간다. 그들은 각자 자기 안에서 사멸하지만 타자 속에서 다시 소생한다."[31]

바타유의 『에로티즘』은 다음과 같은 문장으로 시작한다. "에로티즘이란 죽음 속에 이르기까지 삶을 긍정하는 것이라고 할 수 있을 것이다."[32] 여기서 긍정되는 것은 죽음의 부정성에서 도피하는 벌거벗은 삶이 아니다. 오히려 극단적인 지점까지 고양되고 긍정된 삶의 충동은 죽음의 충동에 접근한다. 에로스는 삶을 죽음에 이르기까지 고양시키는 매체다. "왜냐하면 에로스적 활동이 일단 넘칠 듯한 삶의 충일함을 나타냄에도 불구하고, 이미 말했듯이 생명의 번식에 관한 관심과 무관한 이러한 심리적 지향의 대상은 죽음과 동떨어진 것이 아니기 때문이다." 이것은 "엄청난" 역설이지만 여기에 "근거 비슷해 보이는 것"이라도 제시하기 위해 바타유는 사드Marquis de Sade를 인용한다. "죽음과 친숙해지고자 한다면, 죽음을 무절제한 방탕에 대한 생각과 연결시키는 것만큼 좋은 방법도 또 없을 것이다."

죽음의 부정성은 에로스적 경험의 본질적 성분이다. "우리 안에서 사랑이 **죽음**과 같지 않다면, 그것은 사랑이 아니다."[33] 이때 죽음은 무엇보다도 자아의 죽음을 의미한다. 에로스적 삶의 충동은 나르시시즘적이고 상상적인 자아의 정체성을 흘러넘치고, 그것의 경계를 해체한다. 에로스적 삶의 충동은 그러한 부정성으로 인해 죽음의 충동으로 표출된다. 벌거벗은 삶의 끝이 죽음의 전부는 아니다. '나'의 상상적 정체성을 포기하는 것도, '나'에게 사회적 삶을 가능하게 해주는 상징적 질서를 폐기하는 것도 죽음이며, 그러한 죽음은 어쩌면 벌거벗은 삶의 끝보다 더 심각한 죽음이라고 할 수 있을 것이다. "정상적인 상태에서 갈망으로 넘어가는 과정에서 죽음의 근본적인 매혹이 작용한다. 에로티즘의 핵심은 언제나 구성된 형태들의 해체다. 다시 말하면, 뚜렷하게 구분된 개별자들의 불연속적 질서를 구성하는 사회적, 규칙적 형태들의 해체."[34]

모두가 자기 자신의 경영자인 사회에서는 생존의 경제가 지배한다. 그것은 에로스, 혹은 죽음의 비경제와 정반대된다. 자아의 충동과 성과의 충동이 전혀 억제되지 않는 신자유주의의 사회 질서 속에서 에로스는 완전히 사라져버린다. 죽음의 부정성을 밀어내버린 긍정사회는 오직 "불연속성 속에서 생존을 확보"해야 한다는 일념만이 지배하는 벌거벗은 삶의 사회다. 그러한 삶이란 노예의 삶일 뿐이다. 벌거벗은 삶에 대한 염려, 생존에 대한 염려는 삶에서 모든 생동성을 빼앗아간다. 생동성은 대단히 복합적인 현상이다. 오직 긍정적이기만 한 것은 생동성이 없다. 부정적인 것은 생동성의 본질적 계기를 이룬다. "그러니까 오직 모순을 자기 안에 내포하고 있는 것, 모순을 자기 안에 품고 견딜 수 있는 힘을 지닌 것만이 살아 있을 수 있다."[35] 따라서 생동성은 벌거벗은 삶의 활력 또는 건강한 체력과 구별된다. 벌거벗은 삶의 활력에는 어떤 부정성도 없다. 생존하는 자는 살아 있기에는 너무 죽어 있고 죽기에는 너무 살아 있는 산송장과 비슷한 존재다.

선원이 모두 산송장들이었다고 전해지는 방랑하는 네덜란드인의 배*는 오늘의 피로사회에 대한 비유로 읽을 수 있다. "목적지도, 휴식도, 평화도 없이" "화살처럼 날아가는" 네덜란드인은 소진되고 우울한 오늘의 성과주체와 닮은꼴이다. 성과주체가 누리는 자유는 자기 자신을 영원히 착취

---

* (옮긴이) 바그너의 오페라 「방랑하는 네덜란드인」은 바로 이 저주받은 배에 관한 전설을 토대로 하고 있다. 이하의 논의는 바그너의 오페라에 의거하여 전개된다. 뒤의 용어 해설 참조.

해야 하는 저주스러운 운명임이 드러난다 자본주이저 생산 역시 목적지가 없다. 그것은 더 이상 좋은 삶을 목표로 하지 않는다. 네덜란드인은 살지도 못하고 죽지도 못한다는 점에서 산송장이다. 그는 동일자의 지옥 속에서 영원히 배를 타고 방랑해야 하는 저주스러운 운명에 묶여 있다. 그는 동일자의 지옥에서 자신을 구원해줄 종말의 도래를 갈구한다(심판의 날, 최후의 심판!/언제야 너는 나의 밤 속에서 동터올 것이냐/언제 울릴 것이냐/세계를 송두리째 무너뜨릴 저 파괴적 충격은/언제 죽은 자들이 모두 소생할까?/그러면 나는 무無 속에서 소멸하리라!/그대 세계들이여, 운행을 멈추어라!). 젠타Senta 역시 직면하고 있는 맹목적인 생산과 성과의 사회(윙윙 빙빙/너 착한 바퀴야/힘차게, 힘차게 돌아라/자아라, 자아, 천 가닥의 실을/착한 바퀴야/윙윙 빙빙!)에는 에로스도 행복도 없다. 에로스는 이와는 완전히 다른 논리를 따른다. 젠타의 사랑을 위한 자결은 자본주의적 생산 및 성과 경제의 대척점에 놓여 있다. 그녀의 사랑 고백은 하나의 약속, 결론의 형식이다. 그것은 단순한 가산과 축적밖에 모르는 자본주의 경제를 초월하는 절대적인, 숭고한 결론의 형식이며, 이로부터 시간 속에서 어떤 지속이, 탁 트인 자리가 나타난다. 충실한 마음은 그 자체로 시간 속에 영원을 들여오는 결론의 형식이다. 충실함이란 시간 속에 감싸여 있는 영원이다. "하지만 영원이 바로 인생의 시간 속에 존재할 수 있다는 것을 사랑은 증명해준다. 사랑의 본질은 충실함, 특히 내가 생각하는 의미에서의 충실함이다. 그것은 근본적으로 행복인 것이다! 그렇다. 사랑의 행복은 시간이 영원을 품을 수 있음을 보여주는 증거다."[36]

4장 포르노

포르노는 전시의 대상이 된 벌거벗은 삶과 관련된다. 포르노는 에로스의 적수다. 포르노는 성애 자체를 파괴한다. 이런 점에서 그것은 도덕보다 더 강력하다. "성애는 승화나 억압, 도덕 속에서가 아니라, 분명코 성적인 것보다 더 성적인 것 속에서, 포르노 속에서 사그라질 것이다."[37] 포르노의 매력은 "살아 있는 성애 속에서 죽은 섹스를 예감"하게 한다는 데서 나온다. 포르노가 음란한 것은 과다한 섹스 때문이 아니다. 오히려 섹스가 없다는 사실이 포르노를 음란하게 만든다. 오늘날 성애를 위협하는 것은 쾌락을 적대시하면서 섹스를 뭔가 "더러운 것"처럼 피하는 "깨끗한 이성

reine Vernunft"이 아니다.[38] 성애는 바로 포르노그래피에 의해 위기에 빠진다. 가상공간에서의 섹스만이 포르노인 것은 아니다. 오늘날에는 실제 섹스 역시 포르노로 변질된다.

세계의 포르노화는 비속화의 과정 속에서 실현된다. 포르노화는 곧 에로티즘의 비속화다. "속화를 찬양"하는 아감벤Giorgio Agamben은 이러한 사회적 과정을 인식하지 못한다. "속화"란 신들에게 봉헌되어 일반의 사용이 불가능했던 물건들을 다시 사용할 수 있게 만드는 것을 의미한다. 속화는 격리된 물건들에 대해 의식적으로 소홀하고 부주의한 태도를 취한다.[39] 이때 아감벤은 모든 형태의 격리 속에 진정한 종교적 핵심이 담겨 있다는 세속화 테제를 내세운다. 그리하여 박물관은 신전의 세속화된 형태로 나타난다. 박물관 속에서도 물건들은 마음대로 사용할 수 없게 격리되어 있기 때문이다. 또한 아감벤은 관광 역시 세속화된 형식의 순례로 본다. 성지를 찾아다니는 순례자들처럼 오늘날 관광객들은 박물관이 된 세계를 쉬지 않고 여행한다.

아감벤은 속화를 세속화와 대립시킨다. 격리된 물건들은 이제 다시 자유롭게 사용할 수 있게 되어야 한다. 그러나 아감벤이 제시하는 속화의 사례들은 옹색하고 심지어 기괴하기까지 하다. "배변을 속화한다는 것은 무엇을 의미할 수 있을까? 물론 자연 상태를 회복하라는 요구에 부응하는 것이라고 할 수는 없으리라. 그렇다고 변태적인 위반의 방식으로 배변을 즐기는 것일 수도 없다(물론 그것만 해도 아무것도 아닌 것은 아니겠지만). 오히려 핵심은 배변을 자연과 문화, 사적인 것과 공적인 것, 사유와 공유 사이의 양극적 긴장의 장으로 보고 이에 고고학적으로 접근하는 데 있다. 다시 말해서, 억압과 격리가 시작되기 전 아이들이 자기 나름의 방식으로 시도하는 것처럼, 배설물의 새로운 용도를 배우는 것이다." 숙녀의 배설물을 취식하는 사드의 방탕아는 바타유가 말하는 위반으로서의 에로티즘을 실천하고 있다고 할 수 있으리라. 그런데 위반도, 자연 상태의 회복도 아니라면, 배변을 어떻게 속화한다는 것일까? "속화"는 신학적 또는 도덕적 명령 체계가 사물에 부과한 억압의 굴레를 제거하는 것이다. 아감벤은 털실 뭉치를 가지고 노는 고양이를 자연에서 발견한 속화의 사례로 제시한다. "쥐를 다루듯이 털실 뭉치를 가지고 노는 고양이는——오래된 종교적 상징이나 경제 영역에 속하는 물건을 가지고 노는 아이와 똑같이——먹이 사냥의 행태를 사용한다. 〔……〕 그것이 아무 성과도 가져다주지 않을 것을 완벽하게 의식한 상태에서 말이다. 그렇다고 사냥 행태가 지워지는 것은 아니고, 쥐 대신에 털실 뭉치를 대상으로 하는 덕택에 〔……〕 그 날카로움이 완화되면서 새로운 사용의 가능성이 열리는 것이다." 아감벤은 모든 목적 속에 강제가 있다고 추측한다. 사물은 그러한 강제에서 해방되어 "목적 없는" 순수한 "수단"으로 속화되어야 한다.

아감벤의 세속화 테제는 더 이상 종교적 실천으로 환원되지 않는, 심지어 그것과 반대되는 특수한 현상을 제대로 인식하지 못하게 한다. 물론 박물관도 사물을 "격리"한다는 점에서는 사원과 같다고 할 수 있을지 모른다. 그러나 사물이 박물관에 소장되고 전시될 때, 제의가치는 전시가치에 의해 파괴되어버린다. 박물관은 전시의 장소로서, 예배를 위한 장소인 사원의 반대 형상이다. 관광 역시 순례와 대립된다. 순례가 장소에 묶여 있다면, 관광은 "비-장소"를 양산한다. 하이데거Martin Heidegger가 인간의 거주를 가능하게 만든다고 본 장소에는 본질적으로 "신적인 것"이 깃들어 있다. 역사, 기억, 정체성이 장소의 본질을 이룬다. 하지만 지나쳐버릴 뿐 머무르지는 않는 관광의 "비-장소"에서는 그런 것을 찾아볼 수 없다.

아감벤은 벌거벗음에 대해서도 신학적 명령 체계의 피안에서, 즉 "은총의 특권과 타락한 자연의 유혹 너머에서" 사유하려고 시도한다. 이때 전시는 벌거벗음을 속화할 수 있는 탁월한 가능성으로 간주된다. "모델, 포르노스타, 그 외 모든 프로 전시꾼이 무엇보다도 먼저 습득해야 할 것은 바로 뻔뻔한 무관심함이다. 내보이는 것 자체 외에는 아무것도 내보이지 않는다는 것(즉 매체에 절대적으로 통합되어 있다는 것). 이렇게 해서 얼굴은 전시가치로 가득 채워져 터질 지경이 된다. 하지만 바로 이처럼 표현이 파괴됨에 따라 에로티즘은 본래 그것이 발생할 수 없는 영역에까지 밀고 들어온다. 즉 인간의 얼굴 속까지. 〔……〕 전시된 얼굴은 구체적인 표현성의 피안에 놓여 있는 순수한 수단으로서, 새로운 용도, 즉 에로틱한 커뮤니케이션의 새로운 형식에 봉사할 수 있게 된다."[40]

하지만 비밀도, 표현도 없이 구경거리로 전시된 벌거벗음은 포르노적 노골성에 가까워진다. 포르노적 얼굴 또한 아무것도 표현하지 않는다. 그러한 얼굴에는 표현성도, 비밀도 없다. "하나의 형식에서 다음 형식으로 나아감에 따라,

그러니까 유혹에서 사랑으로, 욕망에서 성애로, 그리고 마지막에는 그저 단순한 포르노로 전진해감에 따라, 그만큼 더 강력하게 비밀과 수수께끼는 위축된다. 〔……〕"[41] 에로틱한 것에는 언제나 비밀이 깃들어 있기 마련이다. 전시가치로 터질 지경이 된 얼굴에서 "성애의 새로운, 집단적 사용법"을 기대하는 것은 불가능하다. 아감벤의 기대와는 반대로 전시는 모든 에로틱한 커뮤니케이션의 가능성을 파괴한다. 비밀도, 표현도 없는 얼굴, 오직 전시성만으로 환원되어버린 맨얼굴은 음란하고 포르노적이다. 자본주의는 모든 것을 상품으로 전시하고 구경거리로 만듦으로써 사회의 포르노화 경향을 강화한다. 자본주의는 성애의 다른 용법을 알지 못한다. 에로스는 포르노로 비속화된다. 이 점에서 비속화는 아감벤이 말하는 속화와 구별되지 않는다.

비속화 과정은 제의의 해체, 신성성의 해체와 함께 진행된다. 오늘날 제의적 공간과 행동은 점점 사라지고 있다. 세계는 더 노골적이고 음란해진다. 바타유가 말한 "신성한 에로티즘"은 제의적인 커뮤니케이션으로 나타난다. 신성한 에로티즘에는 제의적 축제와 놀이가 포함되어 있다. 그것은 특수한 공간, 격리의 공간을 요구한다. 그저 따뜻함, 친밀함, 안락한 자극을 넘어서지 않는 오늘의 사랑은 신선한 에로티즘이 파괴되었음을 암시한다. 포르노에서 완벽하게 배제되는 에로틱한 유혹 역시 환상의 연출, 가상 형식과의 유희를 필요로 한다. 그래서 보드리야르Jean Baudrillard는 심지어 유혹이 사랑과 대립 관계에 있다고 주장하기까지 한다. "제의는 유혹의 질서에 속한다. 사랑은 제의적 형식의 파괴, 제의적 형식으로부터의 해방에서 생겨난다. 사랑은 이러한 형식의 해체에서 에너지를 얻는다. 〔……〕"[42] 제의적 성격을 상실한 사랑은 결국 포르노에서 완성된다. 속화라는 아감벤의 구상은 제의적 공간을 격리의 강제 형식이라고 의심함으로써, 오늘날 진행되고 있는 세계의 탈제의화, 포르노화 과정을 더욱 부추긴다.

5장 환상

『사랑은 왜 아픈가』에서 에바 일루즈는 전근대적 상상력을 "정보의 희박함"으로 특징짓는다. 정보의 부족으로 인해 사람들은 "누군가를 과대평가"하고, "그에게 실제 이상의 가치를 부여"하며 "그를 이상화"하게 된다. 그녀에 따르면 오늘날의 상상은 이와 반대로 디지털 커뮤니케이션 기술 덕택에 정보로 채워져 있다. "인터넷을 통한 예측적 상상은 〔……〕 정보가 희박한 상상의 반대라고 할 수 있을 것이다. 〔……〕 인터넷 상상은 〔……〕 전체를 포괄하는 관점보다는 개별 속성들에 의존한다. 〔……〕 이러한 특수한 구도 속에서 사람들은 과다한 정보를 얻을 수 있게 되었지만, 동시에 누군가를 이상화할 수 있는 가능성은 줄어든 것처럼 보인다."[43] 더 나아가 일루즈는 선택의 자유가 증가함에 따라 욕망의 "합리화"가 이루어진다고 가정한다. 욕망은 더 이상 무의식을 통해서가 아니라 의식적 선택을 통해서 정해진다는 것이다. 욕망의 주체는 "철저하게 선택을 통한 결정에 주의를 집중하고, 타인에 관하여 무엇이 이성적인 관점에서 소망할 만한 기준인지 숙고하며, 이에 대해 스스로 책임질 것을" 요구받는다. 더 나아가 상상이 고조됨에 따라 "남성과 여성이 파트너에 대해 가지는 바람도, 함께하는 삶의 전망에 대한 요구도 변화했고 상향 조정되었다." 이로써 오늘날 사람들은 "환멸"도 더 자주 경험한다. 하지만 환멸이란 "상상의 악명 높은 하녀"일 뿐이다.[44]

일루즈는 또한 소비문화와 욕망, 환상 사이의 관계를 탐색한다. 소비문화는 욕망과 상상력을 자극한다. 오늘날 소비문화는 우리에게 욕망과 상상력을 이용하고 백일몽 속에 빠져들라고 다그친다. 일루즈는 이미 『마담 보바리』에서 소비주의적 욕망과 낭만주의적 욕망이 서로의 조건을 이루고 있음이 확인된다고 주장한다. 그녀는 엠마 보바리의 환상이 소비 중독의 동력을 제공한다고 본다. 오늘날에는 인터넷 역시 "근대적 주체를 욕망의 주체로, 즉 경험을 동경하고 어떤 대상이나 삶의 형태에 대하여 백일몽에 빠지며, 상상적, 가상적 방식으로 경험을 맛보는 주체로" 자리잡게 하는 요인이 된다.[45] 근대적 자아는 자신의 소망과 감정을 점점 더 상상적인 방식으로, 즉 상품과 매체 이미지를 통해서 지각한다. 그의 상상력은 무엇보다도 소비재 시장과 대중문화에 의해 규정된다.

일루즈는 엠마 보바리가 보여주는 낭비벽의 원인을 19세기 프랑스의 초기 소비문화에서 찾으려 한다. "실제로 지금까지 엠마가 교활한 잡화상 뢰뢰에게서 유행하는 보석이나 천을 사들이며 빚을 쌓아가게 된 결정적 요인이 바로 그녀의 환상이라는 점은 거의 지적된 바 없다. 엠마의 환상은 그녀의 낭만주의적 갈망에 매개되어 있으며, 바로 그런 이유에서 19세기 프랑스의 초기 소비문화와 직접 연결된다."[46] 일루즈의 가정과는 반대로, 엠마의 소비 행태는 당시 프랑스의 사회경제적 구조로 설명할 수 있는 것이 아니다. 그것은 바타유적 의미에서 "경제의 파기"에 가까운 과잉과 탕진으로 나타난다.[47] 바타유는 "비생산적 탕진"을 생산의 수단으로 기능하는 소비 형태와 대비시킨다.[48] 예전에 환전상이었다는 뢰뢰는 부르주아 경제를 대표하는 인물이다. 엠마는 비생산적이고 극단적인 탕진을 통해 바로 뢰뢰가 대표하는 부르주아 경제를 혼란에 빠뜨린다. 바타유식으로 표현한다면, 엠마는 "수입과 지출의 균형이라는 경제 원리,"[49] 생산과 소비의 논리에 거역한다. 그녀는 곧 "손실의 원리"로서, 뢰뢰의 "부르주아적 행복"을 거부한다. 절대적 손실은 죽음이다. 엠마의 죽음은 탕진과 손실의 논리가 낳은 필연적 결과이다.

일루즈의 생각과는 달리, 오늘날 욕망이 선택 결정권과 기준의 증가를 통해 "합리화"되고 있다는 것은 사실이 아니다. 무한정한 선택의 자유는 오히려 **욕망의 종말**을 재촉한다. 욕망이란 언제나 **타자**에 대한 욕망이다. 결여의 부정성이 욕망을 자라게 한다. 욕망의 대상인 타자는 선택의 긍정성 속에 붙잡히지 않는다. "파트너 선택의 기준을 분명히 표현하고 정교화하는 무진장한 능력"[50]을 갖춘 자아는 더 이상 **욕망하지** 않는다. 물론 소비문화가 미디어의 상상적 이미지와 이야기 들을 통해 새로운 욕구와 소망을 산출하는 것은 사실이다. 하지만 욕망은 소망과도, 욕구와도 구별되는 어떤 것이다. 일루즈는 이러한 욕망의 리비도경제학적 특수성에 대해 숙고하지 않는다.

정보로 충만한 고선명high definition 영상은 아무것도 불확정적인 상태로 놓아두지 않는다. 하지만 환상은 **불확정적** 공간 속에 거주한다. 정보와 환상은 서로에 대해 대립적인 힘이다. 그러므로 타자를 "이상화"할 능력이 없는 "조밀한 정보"로 이루어진 상상이란 존재하지 않는다. 타자의 **구성**은 정보의 많고 적음에 달려 있는 것이 아니다. 결여의 부정성을 통해 비로소 아토포스적인 이질성을 지닌 타자가 생성된다. 부정성은 타자를 "이상화"와 "과대평가" 너머에 있는 더욱 고차원적인 존재의 평면으로 데려간다. 정보는 그 자체가 타자의 부정성을 해체하는 **긍정성**이다.

오늘의 사회에서 환멸이 커지고 있다면, 이는 환상의 고조가 아니라 기대의 상승 때문일 것이다. 일루즈가 제시하는 환멸의 사회학의 문제점은 환상과 기대를 구별하지 않는다는 데 있다. 새로운 커뮤니케이션 매체는 환상에 날개를 달아주는 역할과는 거리가 멀다. 과도한 가시성은 상상력에 유익한 것이 못 된다. 그리하여 시각적 정보를 최대화하는 포르노는 에로틱한 환상을 파괴한다.

플로베르Gustave Flaubert는 시각적 결여의 부정성으로 에로틱한 환상을 자극한다. 소설의 에로틱한 장면은 역설적이게도 거의 아무것도 보여주지 않는다. 레옹은 엠마를 유혹하여 승합 마차에 태운다. 승합 마차가 쉬지 않고 정처 없이 도시를 이리저리 다니는 동안 두 사람은 드리워진 커튼 뒤에서 열정적으로 사랑을 나눈다. 플로베르는 마차가 헤매고 다니는 광장, 다리, 대로들, 마차가 지나치는 장소들, 카트르마르, 소트빌, 식물원 등등을 아주 세세하게 열거한다. 그러나 두 연인은 전혀 보이지 않는다. 에로틱한 방황의 끝에서 엠마는 차창 밖으로 손을 내밀어 휴지 조각을 버리고, 휴지 조각은 바람을 타고 하얀 나비처럼 팔랑거리며 클로버 밭에 내려앉는다.

제임스 G. 밸러드James G. Ballard의 단편소설 「한낮 어스름의 지오콘다The Gioconda of Twilight Noon」에서 주인공은 눈병의 치유를 위해 바닷가 시골 별장에 들어가 지낸다. 일시적인 시력 상실은 다른 감각을 고도로 날카롭게 만든다. 또한 그의 내면에서부터 꿈 같은 이미지들이 떠오르는데, 그는 곧 그 이미지들을 현실보다 더 진짜라고 느끼면서 강박적으로 거기에 몰두하기 시작한다. 그는 거듭해서 파란 암벽이 있는 신비로운 해안 풍경을 떠올리고, 그런 환상 속에서 어떤 동굴로 이어지는 돌계단을 올라간다. 동굴에는 신비로운 여자 마법사가 있다. 그녀는 그의 모든 욕망이 응축되어 있는 대상으로 나타난다. 붕대를 갈 때 한 줄기 광선이 눈 속으로 들어오자 그는 빛이 자신의 환상을 불살라버리는 것처럼 느낀다. 그는 곧 시력을 되찾지만, 그 대신 꿈 이미지들이 더 이상 나타나지 않는다는 사실을 알게된다. 완전한 절망이 그를 극단적 결단으로 몰고 간다. 그는 더 많이 보기 위해 스스로 눈을 찔러 못 쓰게 만든다. 이때 고통의 비명이 환호성과 뒤섞인다. "메이틀랜드는 빠르게 버드나무 가지들을 뒤로 밀치며 물가로 내려갔다. 잠시후 주디스는 갈매기들의 울음 속에서 그의 고함 소리를 들었다. 반쯤은 고통의 비명 같기도 하고 반쯤은 승리의 환호성 같기도 한 소리였다. 그녀는 그가 다친 것인지, 아니면 뭔가 기분 좋은 발견을 한 것인지 불분명하다고 느끼며 나무들 쪽으로 달려 내려갔다. 거기서 그녀는 그가 물가에 서 있는 것을 보았다. 햇빛을 향해 고개를 쳐들고, 뺨과 손은 환한 붉은빛에 물든 채, 갈망하는, 후회를 모르는 오이디푸스가 되어."[51]

지젝Slavoj Žižek은 여기서 주인공 메이틀랜드가 "어떻게 늘 변화하는 물질적이고 현상적인 '가짜' 현실에서 이데아의 참된 현실에 이를 수 있는가(오직 그림자만 볼 수 있을 뿐인 동굴에서 벗어나 대낮의 햇빛으로 나올 것인가)"[52]를 근본 문제로 하는 플라톤적 관념론의 명령에 따르고 있다고 잘못 해석한다. 지젝에 따르면 메이틀랜드는 "장면을 완전히 볼 수 있다는" 희망에서, 즉 더 많이 더 분명하게 보려는 마음에서 태양을 직시한다는 것이다.[53] 하지만 실제로 메이틀랜드가 따르는 것은 반플라톤주의의 요구다. 그는 시력을 제거함으로써 진리와 과잉된 가시성의 세계에서 물러나 동굴 속으로, 꿈의 이미지들과 갈망이 떠도는 어둑어둑한 공간 속으로 들어간다.

사물의 내밀한 음악은 눈을 감을 때 비로소 울려 나온다. 눈을 감는 순간에야 사물 앞에서의 머무름이 시작된다. 그래서 바르트Roland Barthes는 카프카Franz Kafka의 다음 문장을 인용한다. "사람들은 사물에서 의미를 몰아내기 위해 사진을 찍는다. 나의 이야기들은 일종의 눈 감기다."[54] 오늘날에는 과도하게 가시적인 이미지들의 어마어마한 더미가 눈 감기를 불가능하게 한다. 이미지들의 빠른 교체도 눈 감을 시간을 허락하지 않는다. 눈을 감는 것은 일종의 부정성으로서 오늘날처럼 긍정성과 과도한 가시성이 지배하는 가속화 사회와는 양립할 수 없다. 기민성에 대한 과도한 강박은 눈 감기를 어렵게 한다. 이러한 강박은 성과주체의 신경 소진을 초래하는 원인이기도 하다. 사색적인 머무름은 결론의 형식이다. 눈을 감는 것은 바로 결론의 표지다.* 지각은 오직 사색적인 안식 속에서만 종결을 이룰 수 있다.

과잉가시성은 문턱과 경계의 해체 과정과 함께 나타나는 현상이다. 그것은 투명사회가 지향하는 궁극적 목표다. 평탄하게 다듬어진 공간은 투명하다. 문턱과 다리는 아토포스적 타자가 등장하기 시작하는 비밀스럽고 수수께끼 같은 지대다. 경계와 문턱이 사라짐과 동시에 **타자에 대한 환상도** 사라진다. 문턱의 부정성이, 문턱의 경험이 없는 곳에서는 환상도 위축된다. 오늘날 예술과 문학이 직면한 위기의 원인은 환상의 위기, 타자의 소멸, 즉 **에로스의** 종말에서 찾을 수 있다.

오늘날 세워지는 국경의 철조망이나 장벽은 더 이상 환

---

* (옮긴이) 독일어에서 눈을 감는 것을 "Augen schließen"이라고 한다. schließen은 닫다, 끝내다 등의 의미를 지니는 동사로서 결론 Schluss는 바로 schließen의 명사형이다.

상을 자극하지 못한다. 철조망과 장벽은 타자를 발생시키지 못하며, 오히려 경제적 법칙만이 지배하는 동일자의 지옥을 관통한다. 그리하여 부자와 가난한 자가 분리된다. 이 새로운 경계를 낳는 것은 자본이다. 하지만 돈은 모든 것을 원칙적으로 동일하게 만든다. 돈은 본질적 차이들을 지우며 평준화한다. 새로운 경계는 배제하고 쫓아내는 장치로서, **타자에 대한 환상을 철폐한다.** 그것은 어딘가 다른 곳으로 넘어가는 문턱이나 다리와는 아무 관계도 없다.

6장 에로스의 정치

　에로스에는 "보편적인 것의 씨앗"[55]이 담겨 있다. 아름다운 몸을 바라볼 때 나는 이미 아름다움 자체를 향해 가고 있는 것이다. 에로스는 "아름다움 속에서 생성"[56]하도록 영혼에 자극과 동력을 가한다. 에로스에서 정신적 추진력이 발원한다. 에로스에서 동력을 얻은 영혼은 보편적 가치를 지닌 아름다운 것, 아름다운 행위를 산출한다. 이것이 에로스에 관한 플라톤의 학설이다. 그것은 흔히들 생각하듯이 그저 감각과 쾌락에 대해 적대적이기만 한 이론은 아니다. 오늘날처럼 성애로 비속화된 사랑은 플라톤이 말한 에로스의 보편적 성격을 잃어버린다.

플라톤에 따르면 에로스는 영혼을 조종한다. 에로스는 영혼의 모든 부분, 즉 충동epithymia, 용기thymos, 이성logos을 전반적으로 지배한다. 영혼의 모든 부분은 각자 자기 나름의 쾌락 경험을 지니며, 아름다움을 각자의 방식으로 해석한다.[57] 오늘날에는 무엇보다도 충동이 영혼의 쾌락 경험을 지배하고 있는 것처럼 보인다. 이에 따라 용기를 동력으로 하는 행동은 드물어진다. 용기와 관련된 것으로는 이를테면 기존의 질서와 근본적으로 단절하면서 새로운 상태의 시작을 촉발하는 분노를 꼽을 수 있을 것이다. 하지만 오늘날 분노는 사라지고 짜증과 불평이 그 자리를 대신한다. 짜증과 불평에는 단절의 부정성이 없다. 그것은 기존의 질서를 건드리지 않고 내버려둔다. 또한 에로스 없는 이성은 데이터를 동력으로 하는 계산으로 전락한다. 계산으로서의 이성은 사건, 예측할 수 없는 것에 대해 생각할 능력이 없다. 우리는 에로스를 결코 충동과 혼동해서는 안 된다.[58] 에로스는 충동뿐만 아니라 용기까지도 관장한다. 에로스의 자극에 의해 용기는 아름다운 업적을 이룰 수 있다. 아마도 에로스와 정치가 만나는 접점이 바로 용기일 것이다. 하지만 용기도, 에로스도 사라져버린 오늘날의 정치는 단순한 사무에 지나지 않는 것으로 전락한다. 신자유주의는 특히 에로스를 성애와 포르노그래피로 대체함으로써 사회의 전반적인 탈정치화를 초래한다. 신자유주의의 토대는 충동이다. 각자 고립되어 있는 성과주체들로 이루어진 피로사회에서는 용기도 완전히 불구화된다. 이러한 상황에서 공동의 행위는 불가능해진다. 집단적 주체로서의 '우리'는 성립할 수 없다.

물론 사랑의 정치라는 것은 존재할 수 없을 것이다. 정치는 언제나 적대적인 성격을 지닌다. 그러나 정치적 행위의 어떤 차원에서는 에로스와의 폭넓은 소통이 이루어진다. 그리하여 에로스는 정치로 변형된다. 정치적 운동을 배경으로 하여 생겨나는 사랑 이야기들은 에로스와 정치 사이의 비밀스러운 연결을 드러낸다. 바디우Alain Badiou는 정치와 사랑의 직접적 결합을 부정하지만, 정치적 이념의 기치 아래 실천과 참여로 점철된 삶과 사랑 특유의 강렬함 사이에는 "신비로운 공명" 같은 것이 있다고 본다. 이들은 마치 "그 소리와 힘에서는 완전히 상이한 두 악기가 위대한 음악가에 의해 하나의 곡 속에 합쳐져서 신비로운 어울림을 만들어내는 것"[59] 같다. 다른 삶의 형식, 다른 세계, 더 정의로운 세계에 대한 공동의 욕망에서 나오는 정치적 행위는 어떤 심층적 차원에서 에로스와 상관관계를 이룬다. 에로스는 정치적 저항의 에너지원이다.

사랑은 "둘의 무대"[60]다. 사랑은 개별자의 시점을 벗어나게 하고, 타자의 관점에서 또는 차이의 관점에서 세계를 새롭게 생성시킨다. 이로 인해 일어나는 근원적 전복의 부정성은 경험과 만남으로서의 사랑이 지니는 특징에 속한다. "내가 사랑의 만남이 주는 영향 아래 있을 때, 만일 그것에 진정으로 충실하고자 한다면, 평소 나의 상황을 살아가는habiter 방식을 머리끝에서 발끝까지 다 뒤집지 않으면 안 된다는 것은 분명하다."[61] "사건"은 "진리"의 계기로서, 기존 상황 속에, 살아가는 습관 속에, 새로운, 완전히 다른 존재 방식을 도입한다. 사건은 상황이 설명할 수 없는 어떤 것을 일으킨다. 그것은 타자를 위해 동일자의 세계를 중단시킨다. 사건의 본질은 완전히 새로운 것을 출발시키는 단절의 부정성에 있다. 사건적인 성격을 통해 사랑은 정치 또는 예술과 결합된다. 이들은 모두 사건에 "충실"할 것을 요구한다. 이러한 초월적 충실성은 에로스의 보편적 속성이라고 할 수 있을 것이다.

변신의 부정성, 완전히 다른 것의 부정성을 성애는 알지 못한다. 성적 주체는 늘 동일하다. 그에게는 어떤 사건도 일어나지 않는다. 소비 가능한 성적 대상은 타자가 아니기 때문이다. 따라서 성적 대상은 결코 나의 존재에 의문을 제기하지 못한다. 성애는 동일자를 재생산하는 습관적인 것의 질서에 속해 있다. 그것은 한 개별자의 다른 개별자에 대한 사랑이다. 여기에서는 "둘의 무대"에서 상연되는 이질적인 것의 부정성을 찾아볼 수 없다. 포르노그래피는 이질성을 완벽하게 소거함으로써 습관화의 경향을 더욱 강화한다. 포르노그래피의 소비자에게는 성애의 상대조차 존재하지 않는다. 그는 개별자의 무대 위에 거주한다. 포르노적 이미지에서는 어떤 타자의 저항도, 어떤 실재의 저항도 나오지 않는다. 여기에는 어떤 예의Anstand도, 어떤 거리Distanz도 없다. 포르노적이라는 것은 바로 타자와의 접촉, 타자와의 만남이 없다는 것을 의미한다. 자아를 낯선 것의 접촉과 감정적 격동에서 지켜주는 자기성애적인 자기 접촉, 자기 애착은 포르노적이다. 포르노그래피는 자아의 나르시시즘적 성향을 강화한다. 반면 사건으로서의 사랑, "둘의 무대"로서의 사랑은 탈습관화, 탈나르시시즘화의 방향으로 작용한다. 사랑은 습관적인 것과 동일한 것의 질서에 균열을 일으키고 구멍을 뚫는다.

사랑을 새롭게 발명하는 것은 초현실주의의 핵심 관심사였다. 초현실주의의 새로운 사랑의 정의는 예술적, 실존적, 정치적 행동으로서 의미를 지닌다. 예컨대 앙드레 브르통 André Breton은 에로스에서 보편적 힘을 본다. "인간과 우주에 값하는 유일한 예술, 그를 별보다 더 멀리 이끌어줄 수 있는 유일한 예술은 [……] 에로티즘이다."[62] 초현실주의자들에게 에로스는 언어와 현실의 시적 혁명을 위한 매체다.[63] 에로스는 갱신의 에너지원으로 숭배되며, 정치적 행위도 그러한 에로스에서 양분을 얻어야 한다. 에로스는 그 보편적 힘으로 예술적인 것과 실존적인 것, 정치적인 것을 한데 묶는다. 에로스는 완전히 다른 삶의 형식, 완전히 다른 사회를 향한 혁명적 욕망으로 나타난다. 그렇다. 에로스는 도래할 것을 향한 충실한 마음을 지탱해준다.

7장 이론의 종말

하이데거가 아내에게 보낸 한 편지에는 다음과 같은 구절이 있다. "타자, 즉 당신에 대한 사랑과도, 그리고 다른 면에서 나의 사유와도 결코 분리될 수 없는 이것이 무엇인지는 말하기 어렵소. 나는 그것을 에로스라고 부르는데, 파르메니데스의 말에 따르면 가장 오래된 신인 에로스의 날갯짓은 내가 사유에서 중대한 일보를 내디디며 전인미답의 지대로의 모험을 감행할 때마다 나를 건드린다오. 오랫동안 예감했던 것이 말할 수 있는 것의 영역으로 옮겨져야 할 때, 그럼에도 말해진 것이 아직도 오랫동안 외로이 남겨져야 할 때, 나는 어쩌면 에로스의 날갯짓을 다른 때보다 더 강렬하고 오싹하게 느끼는지도 모르겠소. 그것에 수수하게 부응하면서도 우리의 것을 보존하고, 에로스의 비행을 쫓으면서도 다시 잘 귀환하고, 두 가지를 같은 정도로 본질적이고 합당하게 수행하는 것, 나는 그렇게 하는 데 너무 쉽게 실패하곤 하오. 그러면 나는 단순히 감각적인 것 속으로 미끄러져 버리거나 단순한 노동을 통해 정복할 수 없는 것을 정복하려고 시도하게 된다오."[64] 사유에 에로틱한 욕망의 불을 붙이는 아토포스적인 타자의 유혹이 없다면, 사유는 늘 같은 것을 재생산하는 단순한 노동으로 위축되고 말 것이다. 계산하는 사고 활동에는 아토피아의 부정성이 없다. 계산하는 사고는 긍정적인 것에 대한 노동이다. 어떤 부정성도 그것을 불안에 빠뜨리지 못한다. 하이데거도 위의 편지에서 사유가 에로스에서 동력을 얻어 "전인미답의 지대"로, 예측할 수 없는 영역으로 과감히 나아가지 못할 때 "단순한 노동"으로 격하된다고 말하고 있다. 사유는 특히 무언의 아토포스적 타자를 언어의 영역으로 넘겨오려고 시도하는 순간에 에로스의 날갯짓과의 접촉을 "더 강하게" "더 오싹하게" 느낀다. 데이터를 동력으로 하는 계산적 사고는 아토포스적 타자의 저항을 전혀 알지 못한다. 에로스 없는 사고는 단순히 반복하고 덧붙여갈 따름이다. 또한 에로스 없는 사랑, 에로스의 정신적 동력을 얻지 못하는 사랑은 "단순히 감각적인 것, 관능"으로 전락한다. 관능과 노동은 동일한 질서에 속한다. 여기에는 정신과 욕망이 빠져 있다.

얼마 전 『와이어드*Wired*』지의 편집장 크리스 앤더슨Chris Anderson이 "이론의 종말"이라는 도발적인 제목의 글을 발표한 바 있다. 여기서 그는 이제 상상을 초월한 엄청난 양의 데이터가 활용 가능해짐에 따라 이론적 모델은 완전히 불필요하게 될 것이라고 주장한다. "오늘날 구글처럼 엄청난 데이터 풍요의 시대에 성장한 회사들은 틀린 모델에 의지할 이유가 없다. 아니 도대체 모델이라는 것 자체를 필요로 하지 않는다."[65] 이제 그들은 데이터를 분석하고 귀속 및 종속 관계를 바탕으로 거기에서 패턴을 찾아낸다. 가설적인 이론적 모델은 데이터의 직접 비교에 자리를 내준다. 인과 관계는 상관관계로 대체된다. "언어학에서 사회학에 이르기까지 인간 행동에 관한 모든 이론을 버려라. 분류법도, 존재론도, 심리학도 모두 잊어라. 사람들이 어떤 행동을 할때, 그들이 왜 그렇게 행동하는지 누가 안단 말인가? 중요한 것은 그들이 그렇게 행동한다는 사실이고, 우리는 사상

유례없이 정확하게 인간이 어떤 행동을 하는지 추적하고 측정할 수 있다. 데이터가 충분하기만 하다면, 숫자가 모든 것을 말해준다."

앤더슨의 테제의 근저에는 허약하고 단순화된 이론 개념이 깔려 있다. 이론은 실험으로 검증하거나 반증할 수 있는 가설이나 모델 이상의 의미를 지닌다. 플라톤의 이데아론이나 헤겔의 정신현상학과 같이 강한 이론들은 데이터의 분석으로 대체할 수 있는 모델이 아니다. 이러한 이론들은 강한 의미의 사유를 바탕으로 한다. 이론은 세계를 완전히 다르게, 완전히 다른 빛 속에서 드러나게 하는 근본적 결단이다. 이론은 무엇이 여기에 속하고 무엇이 속하지 않는지, 무엇이 존재하고—혹은 존재해야 하고—무엇이 그렇지 않은지를 결정하는 원천적, 근원적 결단인 것이다. 이론은 고도로 선택적인 서사이며, "전인미답의 지대"를 헤치며 열어가는 구별의 숲길이다.

데이터를 동력으로 하는 사유란 존재하지 않는다. 데이터가 작동시킬 수 있는 것은 그저 계산일 뿐이다. 사유에는 계산 불가능함이라는 부정성이 깃들어 있다. 그리하여 사유는 "데이터," 즉 주어져 있는 것보다도 더 이전의 차원에 속한다. 사유는 사전에 주어져 있다. 사유의 바탕을 이루는 이론은 사전 선물이다. 이론은 주어져 있는 것의 긍정성을 초월하며 이를 돌연 새로운 빛 속에서 나타나게 한다. 그것은 어떤 낭만주의도 아니며, 사유가 시작된 이래 변함없이 관철되어온 사유의 논리다. 오늘날 학문은 걷잡을 수 없이 커져가는 데이터와 정보의 더미에 휩쓸려, 이론과 사유에서 아주 멀리 떠나가고 있다. 정보는 그 자체 긍정적이다. 데이터에 바탕을 둔 실증과학, 데이터를 비교하고 평균을 내는 게 전부인 실증과학은 강한 의미에서의 이론에 종언을 고한다. 그러한 과학은 서사적이기보다 가산적이고, 해석학적이기보다 폭로적이다. 여기에는 전체를 관통하는 서사적 긴장이 없다. 그리하여 실증과학은 단순한 정보들로 해체된다. 정보와 데이터가 걷잡을 수 없이 불어나는 오늘날 오히려 이론은 그 어느 때보다도 더 필요하다. 이론은 사물이 서로 뒤섞이고 통제할 수 없이 증식하는 것을 막아주며, 이로써 엔트로피의 감소에 기여한다. 이론은 세계를 설명erklären하기 전에 세계를 정제klären한다. 우리는 이론이 제의나 예식과 공통의 기원을 지닌다는 점을 생각할 필요가 있다. 이들은 모두 세계에 **형식을 부여**한다. 즉 사물들의 흐

름을 일정한 형태로 빚어내고, 이들이 범람하지 않도록 경계를 만들어준다. 오늘날 정보의 더미는 **형식을** 해체하는 방향으로 작용한다.

정보의 더미는 세계의 엔트로피, 혹은 소음 수위를 엄청나게 높인다. 사유는 고요함을 필요로 한다. 그것은 고요함 속으로의 탐험이다. 오늘날 우리가 직면한 이론의 위기는 문학과 예술의 위기와 많은 공통점을 지닌다. 프랑스 누보로망의 대표자였던 미셸 뷔토르Michel Butor는 한 인터뷰에서 정신의 위기를 확인한다. 그것은 또한 문학의 위기로도 나타난다. "경제만 위기에 처해 있는 것은 아닙니다. 우리는 문학의 위기도 겪고 있습니다. 유럽 문학은 위협받고 있습니다. 우리가 지금 유럽에서 경험하는 것은 정신의 위기입니다." 무엇에서 정신의 위기가 드러나느냐는 질문에 뷔토르는 이렇게 대답한다. "지난 십 년 혹은 이십 년 동안 문학에서는 거의 아무런 일도 일어나지 않았어요. 책은 홍수처럼 출간되지만 정신은 정지 상태입니다. 원인은 커뮤니케이션의 위기에 있습니다. 새로운 커뮤니케이션 수단은 경탄할 만합니다. 하지만 그것은 엄청난 소음을 만들어냅니다." 걷잡을 수 없이 증식하는 정보의 더미, 이러한 **긍정성의 과잉**

이 소음으로 표출된다.[66] 투명사회, 정보사회는 소음 수위가 매우 높은 사회이다. 하지만 부정성이 없다면 남는 것은 오직 동일자뿐이다. 정신Geist*이란 본래 불안을 의미한다. 정신을 살아 있게 하는 것은 바로 이러한 부정성이다.

데이터를 동력으로 하는 실증과학은 어떤 인식Erkenntnis도, 어떤 진리도 산출하지 못한다. 정보는 그저 **알아두기**Kenntnis의 대상일 뿐이다. 하지만 알아두기는 인식이 아니다. 알아두기는 긍정적이며, 가산과 축적을 특징으로 한다. 긍정성으로서의 정보는 아무런 변화도 일으키지 못하고, 아무것도 선포하지 못한다. 정보는 아무런 결과도 낳지 못한다. 반면 인식은 부정성이다. 인식의 본질은 배제하고, 엄선하고, 결단하는 데 있다. 인식은 기존의 것 전체를 뒤흔들고 뭔가 완전히 새로운 것을 시작하게 한다. 과다한 알아두기에서는 아무런 인식도 산출되지 않는다. 정보사회는 체험사회다. 체험 역시 가산과 축적을 특징으로 한다. 그 점에서 체험은 경험과 구별된다. 경험이란 대체로 유일무이한 것이기 때문이다. 따라서 체험은 완전히 다른 것 속으로 들어

* (옮긴이) 정신을 뜻하는 독일어 Geist는 전율하다, 흥분하다, 사로잡히다 등을 의미하는 인도게르만어 어근 gheis-에서 유래한다.

가는 문을 열어주지 못한다. 체험에는 변신시키는 에로스가 깃들어 있지 않다. 사랑이 긍정적 체험의 도식으로 전락할 때, 남는 것은 성애뿐이다. 성애 역시 가산과 축적의 원리를 따른다.

플라톤의 『대화편』에서 소크라테스는 유혹자, 연인으로 등장하며, 그 유일무이한 개성으로 인해 아토포스라고 불린다. 그가 펼치는 담론(로고스)은 그 자체가 에로틱한 유혹이다. 그래서 그는 사튀로스인 마르시아스와 비교된다. 잘 알려진 대로 사튀로스와 실레노스 들은 디오뉘소스를 수행하는 무리에 속한다. 하지만 소크라테스는 피리 부는 마르시아스보다 더 경이롭다. 그는 그저 말만으로 사람들을 유혹하고 도취시키기 때문이다. 소크라테스의 말을 들으면 누구나 열광에 빠진다. 알키비아데스*는 소크라테스의 말을 들을 때면 코뤼반트**들의 난무에 사로잡힌 이들보다 심장이 더 강하게 뛰었다고 한다. 그는 소크라테스의 지혜로운 말 philosophia logon에 마치 뱀에 물린 것처럼 상처를 입는다. 소크라테스의 말은 눈에서 눈물이 터져나오게 한다. 그 자

* (옮긴이) 아테네의 정치가로 소크라테스의 제자였다.
** (옮긴이) 그리스 신화에 등장하는 땅의 여신 키벨레의 시종.

체로 놀라운 사실, 즉 철학과 이론의 역사가 막 시작될 무렵 로고스와 에로스가 이토록 내밀한 관계를 맺고 있었다는 사실은 지금까지 거의 주목받지 못했다. 에로스의 힘을 동반하지 못하는 로고스는 무기력하다. 알키비아데스는 페리클레스나 다른 명연설가들이 오더라도 소크라테스의 말을 들을 때와 같은 격한 감동이나 불안을 일으키지 못할 것이라고 말한다. 그들의 말에는 에로틱한 유혹의 힘이 들어 있지 않은 것이다.

에로스는 사유를 이끌고 유혹하여 **전인미답의 지대**를, 아**토포스**적인 타자를 거쳐가게 한다. 소크라테스의 말이 지니는 마력은 **아토피아의 부정성**에서 나온다. 하지만 그것은 아포리아(해결 불능의 난제)로 귀착되지 않는다. 전승되어온 견해와 달리 플라톤은 포로스*가 에로스의 아버지라고 주장한다. 포로스는 길을 의미한다. 사유는 과감하게 전인미답의 지대 속으로 들어가지만 그 속에서 길을 잃어버리지는 않는다. 에로스는 포로스의 아들답게 사유에게 길을 일러준다. 철학은 에로스를 로고스로 번역한 것이다. 사유에

---

* (옮긴이) 그리스 신화에 등장하는 풍요의 신.

근본적인 전진을 이루어 전인미답의 지대로 나아가는 순간 에로스의 날갯짓이 자신을 건드리는 것을 느낀다고 말하는 하이데거는 바로 플라톤의 에로스 이론을 계승하고 있는 것이다.

플라톤은 에로스를 철학자(필로소포스), 즉 지혜의 친구라고 부른다.[67] 철학자는 친구이며, 사랑받고 사랑하는 연인이다. 하지만 이 연인은 외부에 존재하는 어떤 개인도 아니고, 어떤 경험적 사태도 아니다. 그것은 "사유 속에 들어 있는 어떤 내적 현존, 사유 자체를 가능하게 하는 조건, 하나의 생동하는 범주, 초월적인 경험"[68]이다. 강한 의미에서의 사유는 에로스가 아니라면 시작조차 될 수 없을 것이다. 오직 친구, 혹은 연인이었던 사람만이 사유할 수 있다. 에로스 없는 사유는 모든 생명력과 불안정성을 상실한 채, 반복적이고 반작용적인 것으로 전락한다. 에로스는 아토포스적인 타자를 향한 욕망을 불어넣음으로써 사유에 활기를 준다. 『철학이란 무엇인가』에서 들뢰즈와 가타리Félix Guattari는 에로스를 사유를 가능하게 하는 초월적 조건으로 끌어올린다. "친구가 〔……〕 사유를 실행하기 위한 조건이라면, 이때 '친구'란 무엇을 의미하는가? 또는 연인이란? 차라리 연인이라고 해야 할까? 그리고 친구 자신이 그동안 순수한 사유에서 배제되어 있다고 여겨져온 타자와의 생동하는 관계를 사유 속으로 다시 끌어들이지 않을까?"[69]

미주

1 Roland Barthes, *Fragmente einer Sprache der Liebe*, Frankfurt a.
   M., 1988, p. 45.

2 Maurice Blanchot, […absolute Leere des Himmels…], *Die
   andere Urszene*, M. Coelen & F. Ensslin 편, Berlin, 2008, p. 19.

3 Maurice Blanchot, *Die Schrift des Desasters*, München, 2005, p.
   176.

4 Michel Foucault, *Die Geburt der Biopolitik. Geschichte der
   Gouvernementalität II*, Frankfurt a. M., 2006, p. 314.

5 같은 책, p. 63.

6 같은 책, p. 97.

7 같은 곳.

8 Emmanuel Lévinas, *Die Zeit und der Andere*, Hamburg, 1984, p.
   58.

9 같은 책, p. 61.

10 Martin Buber, *Urdistanz und Beziehung*, Heidelberg, 1978 참조.

11 Emmanuel Lévinas, *Die Zeit und der Andere*, p. 56.

12 E. L. James, *Shades of Grey*, München, 2012, p. 191.

13 같은 책, p. 412.

14 그래서 프로이트는 빌헬름 플리스에게 보내는 편지에서 다음과 같이 말하고 있다. "자네도 알다시피, 나의 연구는 우리의 심리적 메커니즘이 중첩된 여러 층으로 이루어져 있다는 가정에서 출발하네. 때때로 현존하는 기억 자취의 재료가 새로운 관계에 따라 재배열되고 재기술되는 과정 속에 놓여 있다는 것이지. 그러니까 내 이론의 본질적 새로움은 기억이 다양한 종류의 기호로 기록되어 있어서, 한 겹이 아니라 여러 겹으로 존재한다는 주장에 있네."

15 Emmanuel Lévinas, *Die Zeit und der Andere*, p. 60.

16 같은 책, p. 50.

17 Platon, *Phaidros*, 253e.

18 Marsilio Ficino, *Über die Liebe oder Platons Gastmahl*, Hamburg, 2004, p. 327.

19 같은 책, p. 329.

20 같은 책, p. 331.

21 Eva Illouz, *Der Konsum der Romantik. Liebe und die kulturellen Widersprüche des Kapitalismus*, Frankfurt a. M., 2003, p. 99.

22 G. W. F. Hegel, *Schriften zur Politik und Rechtsphilosophie*, Sämtliche Werke, G. Lasson 편, 7권, Hamburg, 1913, p. 370.

23 G. W. F. Hegel, *Jenenser Realphilosophie I*, G. Lasson 편, 7권, Hamburg, 1913, p. 229.

24 Friedrich Nietzsche, *Also sprach Zarathustra*, *Kritische Gesamtausgabe 5*, Abteilung, 1권, p. 14.

25 Aristoteles, *Politik*, 1257b.

26 G. W. F. Hegel, *Vorlesungen über die Ästhetik II*, Werke in zwanzig Bänden, E. Moldenhauer & K. M. Michel 편, 14권, Frankfurt a. M., 1970, p. 155.

27 G. W. F. Hegel, *Phänomenologie des Geistes*, Werke in zwanzig Bänden, 3권, p. 36.

28 G. W. F. Hegel, *Enzyklopädie der philosophischen Wissenschaften im Grundrisse, Erster Teil, Die Wissenschaft der Logik*,

Werke in zwanzig Bänden, 8권, p. 331.

29 G. W, F Hegel, *Vorlesungen über die Ästhetik*, p. 144.

30 Marsilio Ficino, *Über die Liebe oder Platons Gastmahl*, p. 69.

31 같은 곳.

32 Georges Bataille, *Die Erotik*, München, 1994, p. 13.

33 같은 책, p. 234.

34 같은 책, p. 21.

35 G. W. F. Hegel, *Wissenschaft der Logik II*, Werke in zwanzig Bänden, 6권, p. 76.

36 Alain Badiou, *Lob der Liebe. Ein Gesprächmit Nicolas Truong*, Wien, 2011, p. 45.

37 Jean Baudrillard, *Die fatalen Strategien*, München, 1991, p. 12.

38 이는 로베르트 팔러의 주장이다. Robert Pfaller, *Das schmutzige Heilige und die reine Vernunft*, Frankfurt a. M., 2008 참조.

39 Giorgio Agamben, *Profanierungen*, Frankfurt a. M., 2005, p. 71.

40 같은 책, p. 89.

41 Jean Baudrillard, *Die fatalen Strategien*, p. 130.

42 같은 책, p. 125.

43 Eva Illouz, *Warum Liebe web tut*, Suhrkamp, 2011, p. 413.

44 같은 책, p. 386.

45 같은 책, p. 375.

46 같은 책, pp. 376 이하.

47 Patricia Reynaud, "Economics and Counter-productivity in Flaubert's Madame Bovary," *Literature and Money*, A. Purdy 편, Amsterdam, 1993, pp. 137~54, 그중 p. 130을 보라. "플로베르의 이야기 전개 과정은 〔……〕 자주성, 창조적 과잉의 한 예다. 비가치는 기초 경제학의 원리에서 핌되는 여성적 경제학의 특징이다. 비가치는 여성이 교환의 순환 과정에 편입되지 않음으로써, 비노동에 의해 관철된다 〔……〕."

48 Georges Bataille, *Die Aufhebung der Ökonomie*, München,

2001, p. 12.

49 같은 책, p. 13.

50 Eva Illouz, *Warum Liebe weh tut*, p. 416.

51 James G. Ballard, "Die Gioconda des Mittagszwielichts," *Der unmögliche Mensch*, München, 1973, pp. 118~27, 그중 p. 127.

52 Slavoj Žižek, *Die Pest der Phantasmen*, Wien, 1999, p. 82.

53 같은 책, p. 81.

54 Roland Barthes, *Die helle Kammer*, Frankfurt a. M., 1985, p. 65.

55 Alain Badiou, *Lob der Liebe*, p. 23.

56 Platon, *Symposion*, 206b.

57 Thomas Alexander Szlezák, "'Seele' bei Platon," H. D. Klein 편, *Der Begriff der Seele in der Philosophiegeschichte*, Würzburg, 2005, pp. 65~86, 그중 p. 85.

58 Robert Pfaller, *Das schmutzige Heilige und die reine Vernunft*, p. 144 참조: "플라톤은 『국가론』에서 로고스(이성), 에로스(충동), 튀모스(용기)로 이루어진 영혼의 삼원 구조에 대한 이론을 정립한다."

59 Alain Badiou, *Lob der Liebe*, p. 62.

60 같은 책, p. 39.

61 Alain Badiou, *Ethik. Versuch über das Bewusstsein des Bösen*, Wien, 2003, p. 63.

62 André Breton, *Exposition internationale du surréalisme* [EROS], *Alzce Mahon, Surrealism and the Politics of Eros*, London, 2005, p. 143에서 재인용.

63 같은 책, p. 65 참조.

64 *Briefe Martin Heideggers an seine Frau Elfriede 1915~1970*, München, 2005, p. 143.

65 *Wired*, 2008년 7월 16일자.

66 *ZEIT*, 2012년 7월 12일자.

67 Platon, *Symposion*, 203e.

68 Gilles Deleuze & Félix Guattari, *Was ist Philosophie?*, Frankfurt a.

M., 1996, p. 7.

69 같은 곳

용어 해설

아토피아 atopia

문자 그대로의 의미는 '장소 없음' '무소성'이며, 분류할 수 없음, 규정할 수 없음, 형언할 수 없음, 탁월성, 유일무이한 독창성 등의 의미를 지닌다. 아토포스atopos는 본래 아토피아의 형용사형이며 '무소적인 자'를 가리키기도 한다. 『향연』에서 사회의 일반적 관습에 적응하지 않고 예기치 않은 방식으로 행동하는 소크라테스를 가리키는 말로 사용되었다. 롤랑 바르트는 『사랑의 단상』에서 사랑의 경험을 아토포스적인 것으로 서술한다.

헤테로토피아 hétérotopia

'다른heteros'과 '장소topos'의 합성어로서 미셸 푸코가 고안한 개념이다. 푸코에 따르면 인간 사회는 언제나 현실보다 더 완벽한, 혹은 현실의 질서를 뒤집어놓은 유토피아를 만들어낸다. 유토피아가 문자 그대로 어디에도 존재하지 않는 완전히 비현실적인 공간이라면, 인간 사회는 또한 현실의 질서와는 다른 질서가 통용되는, 현실 밖에 있지만 동시에 현실 속에 존재하는 공간으로서 헤테로토피아를 생산한다. 그것은 현실이 된 유토피아다. 푸코는 헤테로토피아의 사례로 성소, 금기 구역, 정원, 묘지, 정신병원, 요양원, 병영, 박물관, 도서관, 극장, 축제 등등을 들고 있다. 푸코는 헤테로토피아의 기능이 사회에 따라 다르며, 늘 역사적인 변화의 과정 속에 있다고 말한다. 이 책에서 한병철은 헤테로토피아를 아토피아에 대립시키면서 신자유주의 체제가 소비 가능한 다름의 체험을 가능하게 하는 헤테로토피아적 공간을 생산한다고 본다.

「트리스탄과 이졸데」

리하르트 바그너의 악극. 아서 왕의 기사 가운데 한 사람인 트리스탄과 이졸데의 전설을 소재로 한 작품으로, 바그너는 독일 중세 시인 고트프리트 폰 슈트라스부르크Gottfried von Strassburg의 운문소설 『트리스탄』을 바탕으로 대본을 썼다. 사랑의 묘약 때문에 트리스탄은 숙부인 마크 왕의 아내가 될 이졸데와 사랑에 빠진다. 이졸데는 예정대로 마크 왕과 결혼하지만 두 사람의 만남은 계속되고, 결국 그들의 밀회는 트리스탄의 친구 멜로트의 배신으로 마크 왕에게 발각된다. 트리스탄은 죽음을 결심하고 멜로트를 도발하여 그의 칼에 맞고 깊이 부상당한다. 충성스러운 종복 쿠르베날은 트리스탄을 브르타뉴에 있는 그의 영지 카레올로 데려가 정성껏 간호한다. 하지만 배를 타고 이졸데가 트리스탄을 찾아왔을 때, 트리스탄은 그녀의 품에 안겨 죽음을 맞이한다. 쿠르베날은 뒤이어 마크 왕과 함께 따라온 멜로트를 죽이고 그 과정에서 그 자신도 치명상을 입는다. 마크 왕은 자신이 뒤늦게 조카와 이졸데의 사연을 알고 두 사람을 결혼시키기 위해 온 것이었음을 밝힌다. 이졸데는 트리스탄의 시신을 바라보며 마지막 노래를 부른다.

온화하고 조용하게
트리스탄이 미소짓고 있어
눈을 어찌나 다정하게 뜨는지
친구들아 너희는 안 보이니?
보이지 않아?
점점 환하게 그이가 빛나고 있잖아
별빛에 둘러싸여 일어나고 있잖아
보이지 않아?
그이의 심장이
기운차게 부풀어 오르는데
풍성하고 고귀하게
가슴 속에서 샘솟고 있는데
저 입술에서는
저 기쁘고 온화한 입술에서는
달콤한 숨결이
부드럽게 새어 나오는데
친구들아! 저걸 좀 봐!
너희는 느끼지 못하니? 보이지 않니?
내 귀에만 들리는 걸까?
이 노랫소리
이 놀랍고도
나직한 소리
기쁨에 겨워하며
모든 것을 말하며
온화하게 용서하며
그에게서 흘러나와

내게로 파고들어 오는

가볍게 울리며

사랑스럽게 퍼져

내 주위를 감싸는데

더 밝아지며

나를 에워싸는 이 소리는

부드러운 공기의 물결일까?

기쁨에 넘쳐나는 향기의 파도일까?

넘실거리며

나를 감싸며 출렁이는구나

숨을 쉴까?

귀를 기울일까?

마셔볼까?

가라앉을까?

달콤한 향기 속에서 마지막 숨을 내쉴까?

넘실대는 물살 속에

울려 나오는 소리 속에

세계의 숨결이 불어오는 우주 속에……

빠진다

가라앉는다……

의식이 없어진다……

지고한 쾌락이여!

죄Schuld**와 죄사함**Entschuldung

독일어에서 Schuld는 죄를 의미하지만 채무를 의미하기도 한다. 죄를 의미할 때는 Schuld(단수형)를, 채무를 의미할 때는 대체로 복수

형인 Schulden을 사용한다. 형용사형인 schuldig에도 이중의 의미가 있다. 그것은 "죄를 지은" "죄에 책임이 있는" 외에 "빚을 진" "갚을 의무가 있는"을 의미하기도 한다. 유대–기독교적 전통에서 두 가지 의미는 궁극적으로 통한다. 신 앞에 죄 지은 자인 인간은 스스로 갚을 수 없는 빚을 지고 있다. 신은 궁극의 채권자이며, 오직 그의 권능을 통해서 인간은 채무를 면제받을 수 있다. 또는 죄 사함을 받을 수 있다. 독일어에서 Entschuldung은 일상적으로 경제적 의미에서 채무의 면제를 의미하지만, 저자는 Schuld의 중의성에 의지하여 이 단어에도 죄의 용서라는 종교적 의미를 부여하고 있다.

할 수 있을 수 없음nicht-können-können

가능과 능력을 나타내는 독일어의 화법조동사 können의 중복을 통해 만들어진 '할 수 있을 수 없다'라는 다소 이상한 표현은 "할 수 있다"가 저자가 말하는 신자유주의 체제의 명령이라는 사실을 고려할 때 이해할 수 있다. "할 수 있다können"가 체제의 명령이 되는 순간, 그것은 또 다른 형태의 조동사의 중첩 형태, 즉 "할 수 있어야 한다können sollen"로 변모한다. 이때 단순한 "할 수 없음nicht können"은 체제의 명령을 따르지 못하는 자의 상태, 즉 체제 안에서 낙오된 자의 상태 이상의 의미를 지니지 못한다. "할 수 있어야 한다"의 체제를 벗어나기 위해서는 '할 수 있음' 자체가 부정되어야 한다. "할 수 있을 수 없음nicht-können-können"은 할 수 있음 자체의 불가능 상태를 의미하며, "할 수 있어야 한다"고 강요하는 체제의 바깥을 지시한다.

타자의 얼굴visage de l'autre

에마뉘엘 레비나스의 철학은 타자를 그 절대적 다름에 있어서 존중해야 한다는 윤리적 요청에서 출발한다. 자유로운 존재로서의 인간의 존엄성은 자아의 주체성을 확장하여 타자를 지배할 수 있다는 데서 나오는 것이 아니라, 자신의 생존을 위해 타자를 이용하고 굴복시키고 제거하려는 자기 중심적 성향을 극복하고, 자기보다 오히려 타자를 앞세우며, 타자에 대한 책임을 떠맡을 수 있다는 가능성에서 온다. 타자의 얼굴은 한편으로 인종주의에서 명백히 드러나듯이 나의 관점에서 타자의 정체성을 규정하도록 유혹하지만 이와 동시에 타자를 현상으로서의 얼굴에서 읽어낸 것으로 환원시킬 수 없다는 것, 타자는 결코 보이지 않으며 내가 접근할 수 없는 수수께끼라는 것을 일깨워준다. 그리하여 타자의 얼굴이 드러내는 무한한 낯섦은 우리에게 "살인하지 말라"는 계율, 즉 타자를 존중하고 타자에 대한 책임을 감당하라는 명령으로 나타난다. 이 책에서 저자가 말하는 전시된 상품으로서의 포르노적 얼굴은 타자성이 완전히 제거된 얼굴, 자아의 욕구를 위해 오용된 얼굴로서 레비나스가 말하는 타자의 얼굴의 대척점에 있다.

방랑하는 네덜란드인Fliegende Holländer

신의 저주를 받고 영원히 바다를 떠도는 네덜란드인 선장과 그의 유령선의 전설을 소재로 한 리하르트 바그너의 초기 오페라(1843년 초연). 노르웨이의 선장 달란트는 폭풍우를 피해 정박한 항구에서 유령 같은 네덜란드인 선장을 만난다. 그는 희망봉을 돌지 못하는 한 결코 육지로 돌아가지 않겠다는 신성모독적인 맹세를 했다가 저주를 받아 배를 타고 영원히 바다를 떠도는 신세가 된다. 그는 7년마다 한 번씩 육지에 잠시 발을 디딜 수 있는데, 이때 그에게 영원한 사랑을 바칠 여인을 만난다면 그와 그의 선원들은 구원받을 수 있다. 그는 달란트에게 딸과 결혼하게 해달라고 청하고, 달란트는 네덜란드인의 배에 있는 보물에 욕심이 나서 그 청을 받아들인다. 사냥꾼 에릭의 구애를 받고 있는 달란트의 딸 젠타는 이미 그림과 노래를 통해 저주받은 네덜란드인 선장의 이야기를 알고 있었고, 그의 운명에 깊은 연민을 느끼고 있었다. 아버지가 네덜란드인 선장을 데리고 돌아왔을 때, 젠타는 자신이 구원의 과업을 떠맡겠다고 결심하고 영원한 사랑을 약속한다. 하지만 젠타가 그녀의 마음을 되돌리려는 에릭과 나눈 대화를 엿들은 선장은 영원한 사랑을 통한 구원이 역시 불가능하다고 믿고 배를 타고 떠난다. 이때 젠타는 바다에 몸을 던져 자결함으로써 자신의 진실하고 영원한 사랑을 증명하고, 이로써 구원이 이루어진다. 한계를 끝없이 뛰어넘으려는 근대적 욕망과 그것이 불러온 저주스러운 운명, 그리고 헌신적 사랑을 통한 구원이라는 테마는 괴테의 『파우스트』를 연상시킨다.

영혼의 세 부분(플라톤)

플라톤은 인간의 영혼이 충동과 용기, 이성이라는 세 부분으로 이루어져 있다고 보았다. 충동은 성욕이나 식욕, 기타 감각적 쾌락과 관련되고, 용기는 분노와 같은 감정과 관련된 부분으로서 행위에 대한 의지, 의욕을 관장하며, 이성은 진리를 추구한다. 『파이드로스』에서 플라톤은 이성을 마부에, 충동과 용기를 마부가 모는 두 마리 말에 비유하고 있다.